들썩들썩
K-POP의 역사가 궁금해!

케이팝을 즐겨 듣는 우리 아이 ❾

K-POP의 역사가 궁금해!

ⓒ 글터 반딧불, 장경섭 2020

처음 찍은 날 2020년 9월 4일
처음 펴낸 날 2020년 9월 14일

지은이	장세현
그린이	장경섭
펴낸이	최금옥
기획	글터 반딧불
편집	김지선
디자인	남철우
펴낸곳	이론과실천

등록 제10-1291호
(07207) 서울시 영등포구 양평로 21가길 19 우림라이온스밸리 B동 512호
전화 02-714-9800 │ 팩스 02-702-6655

ISBN 978-89-313-8129-0 74900
ISBN 978-89-313-8120-7(세트)

* 이 책의 일부 또는 전부를 사용하려면 반드시 저작권자와 이론과실천 양측의 동의를 모두 얻어야 합니다.
* 값 12,000원
* 잘못된 책은 바꾸어 드립니다.

은 이론과실천 의 어린이책 브랜드입니다.

별난 세상
별별 역사
09

들썩들썩
K-POP의 역사가 궁금해!

글터 반딧불 지음 | 장경섭 그림

꼬마이실

★ 별난 세상 별별 역사 시리즈를 발간하며 ★

인류의 역사시대는 짧게는 2~3천 년, 길게 잡아도 5천 년쯤이다. 이 시간 동안 인류가 이룬 문명은 상상을 초월할 만큼 엄청나다. 선사시대 원시인들이 올려다보던 달과 별에 지금은 우주선을 쏘아 올리는 시대가 되었으니 말이다. 그런데 놀라운 것은 이런 눈부신 문명의 발전에는 극히 사소한 것들의 역사가 자리 잡고 있다는 사실이다.

사람들은 대개 역사라고 하면 중대한 사건이나 영웅적 인물을 먼저 떠올리기 쉽다. 그러나 그것만이 역사의 전부는 아니다. 알고 보면 역사는 그리 멀리 있지 않다. 예컨대 우리가 일상생활에서 쉽게 접하는 불, 돈, 바퀴는 인류의 3대 발명품으로 꼽힌다. 그만큼 문명의 발전에 크게 이바지했기 때문이다.

원시인이 동굴에서 피우는 불은 그저 모닥불에 지나지 않는다. 하지만 그 열을 이용해 철을 뽑아냄으로써 오늘날과 같은 철기문명을 일구어 냈다.

바퀴도 다르지 않다. 바퀴라고 하면 대부분 수레나 자동차의 바퀴 따위를 떠올릴 테지만 그뿐만이 아니다. 곡식을 찧는 물레방아도, 바람의 힘을 모으는 풍차도 바퀴의 원리를 이용한 것이다. 창틀 아래에도, 의자 밑에도, 시계 속에도 바퀴가 있다. 지금처럼 교통과 산업이 발전한 까닭도 각종 기계 속에 들어 있는 톱니바퀴의 움직임 덕분이다.

돈 역시 처음에는 거래의 편리함을 위해 만든 것이다. 물물교환 시대를 떠올려 보자. 소금 한 자루나 쌀 한 자루를 낑낑대며 짊어지고 가서 바꾸려면 얼마나 힘이 들겠는가? 이런 불편함을 덜기 위해 돈이 탄생했지만 진화를 거듭하면서 오늘날 자본주의라는 복잡하고 거대한 경제 구조를 만들어 냈다.

이처럼 우리 생활 속 아주 가까이에는 인류의 역사에 중요한 획을 그은 것이 수도

없이 널려 있다. 눈을 크게 뜨고 보면 역사는 우리가 먹는 밥에도 있고, 늘 입고 다니는 옷에도 있고, 심심할 때 가지고 노는 장난감에도 있다. 신발 밑에도 있고, 시계 속에도 있고, 성냥갑에도 있고, 주머니 속의 동전에도 있다.

〈별난 세상 별별 역사〉 시리즈를 만든 것은 그런 이유다. 우리 주위에서 쉽게 마주치는 물건들의 눈을 통해 인류의 역사와 문명을 한번 꿰뚫어 보자는 것이다. 똑같은 역사라도 산업의 관점에서 보는 것과 돈의 관점에서 보는 것, 바퀴의 관점에서 보는 것은 다르다. 이 시리즈에서 주제어가 된 다양한 사물은 인류의 역사적 흐름을 읽어내는 열쇠 구실을 한다. 그 열쇠로 역사의 문을 열어젖히면 놀라운 일이 벌어질 것이다. 그동안 무심코 지나쳤던 사물 속에서 우리가 미처 알지 못한 재미난 이야기가 수두룩하게 쏟아져 나올 테니까 말이다.

역사를 흔히 큰 강에 비유한다. 하지만 작은 물줄기가 모여야 큰 강이 이루어진다. 인류의 역사도 마찬가지다. 다양한 분야의 역사가 모여 큰 역사가 만들어진다.

세상 사람들은 각각의 생김새만큼이나 서로 다른 관심거리와 취향을 가지고 있다. 정치나 경제, 사회, 예술 같은 무거운 주제에 관심을 가진 이도 있지만 패션, 요리, 장신구 같은 생활 문화나 로봇, 자동차, 컴퓨터 같은 과학 기술, 혹은 우주, 공룡, UFO 같은 신비한 세계에 관심을 가진 이도 있다.

여러분이 어떤 사물에 지대한 관심과 애착을 가진 마니아라면 이 시리즈를 통해 그에 대한 호기심과 갈증을 채울 테고, 그렇지 않더라도 폭넓은 지식과 교양을 쌓을 수 있다. 모쪼록 이 시리즈 하나하나가 여러분이 세상 보는 눈을 키우는 데 보탬이 되고, 다양한 역사 상식을 얻을 수 있는 보물 창고가 되길 바란다.

― 글터 반딧불

차례

프롤로그 – 케이팝의 놀라운 인기는 어디에서 왔을까? … 8

제1장 케이팝이 탄생하기까지

1. 대중음악의 씨앗이 된 역사 … 12
2. 뽕짝은 가고, 팝 음악은 오고 … 17
3. 팝 음악의 중심, 록과 포크 … 21
4. '듣는 음악'에서 '보는 음악'으로 … 24
5. 신세대 댄스 가요의 등장 … 28

제2장 케이팝과 한류 열풍

1. 케이팝의 서막을 연 '서태지와 아이들' … 34
2. 표절 스캔들 … 39
3. 신세대 댄스 가요와 케이팝의 차이 … 42
4. 케이팝은 왜 K-pop이야? … 45
5. 케이팝 첫 아이돌 그룹 H.O.T. … 48
6. 아이돌 1세대의 등장 … 52
7. 팬덤 문화 – '클럽 H.O.T.'에서 방탄소년단 '아미'까지 … 56
8. 립싱크, 가수야? 금붕어야? … 60

제3장 한류를 빛낸 케이팝 스타

1. 아시아의 별, 보아 ···66
2. 월드 스타 '비' VS 국민 여동생 '아이유' ···70
3. 케이팝을 이끈 걸그룹 전성시대 ···73
4. 꽃미남, 짐승돌 ···77
5. 세계를 춤추게 한 싸이의 〈강남 스타일〉 ···80
6. 케이팝 인기가 높을수록 짝퉁이 많다? ···85
7. 눈과 귀가 즐거운 케이팝의 매력 ···88

제4장 방탄소년단, BTS의 신화가 궁금해

1. 리더 RM과 길거리 캐스팅 신화 ···94
2. 오디션을 통한 멤버 일곱 명의 합체 ···97
3. 연습생 시절의 피, 땀, 눈물 ···102
4. SNS를 통한 쌍방향 소통 ···107
5. BTS를 키운 100만 팬덤 '아미' ···110
6. 영광스러운 꿈의 무대, 최고의 순간들 ···115

참고문헌 ···120

프롤로그

케이팝의 놀라운 인기는 어디에서 왔을까?

축구의 본고장 영국, 영국을 대표하는 축구장은 '웸블리 스타디움'이야. 무려 9만 명을 수용할 수 있는 엄청난 공간이라서 유럽을 넘어 전 세계 축구 팬들에게 잘 알려져 있어.

이곳은 축구 팬뿐 아니라 대중음악을 즐기는 사람들에게도 유명해. 비틀즈, 마이클 잭슨, 퀸 등 내로라하는 세계적인 가수들이 이 무대에서 공연했거든. 대중음악가에게 웸블리 스타디움은 그야말로 꿈의 무대이지. 바로 이곳에서 2019년 6월 역사적인 사건이 벌어졌단다.

꿈의 무대라 불리는 웸블리 스타디움에서 '방탄소년단(BTS)'이 노래하고, 파란 눈에 금발 머리를 한 유럽의 젊은이들이 서툰 한국어로 따라 부르는 모습을 상상해 봐. 불과 얼마 전까지만 해도 상상할 수 없던 일이 현실이 된 거지.

팝의 본고장인 영국에서 한국 가수가 한국어로 노래를 부른 것은 우리 대중음악사에 기록될 엄청난 사건이야. 이 사건은 한마디로 우리 대중음악사에서 신화가 창조된 거라고 말할 수 있어. 하지만 이 신화는 하루아침에 만들어진 것이 아니야. 그동안 케이팝(K-pop)의 꾸준한 성장과 발전이 밑거름이 되었지.

그럼, 지금부터 케이팝의 역사와 BTS의 신화 창조에 대해 알아볼까?

세상의 그 어떤 것도 하늘에서 뚝 떨어져 갑자기 생겨나는 일은 없어.
아름드리 큰 나무도 좁쌀만큼 작은 씨앗에서 시작된 거야.
싹이 트고 잎이 나고 가지를 뻗어 큰 나무가 된 것처럼 케이팝 또한 마찬가지야.
케이팝이 전 세계인의 열광을 이끌어 내기까지 우리 대중음악사의 씨앗이 되고
거름이 된 노래들이 있단다. 케이팝이 탄생하기까지 대중가요가
어떤 역사적 과정을 거쳤는지 알아볼까?

1 대중음악의 씨앗이 된 역사

우리가 지금 즐기는 대중음악은 다양한 형식을 띠고 있어. 흔히 '뽕짝'이라 불리는 트로트를 비롯하여 포크송, 발라드, 힙합, 록, 테크노 등 일일이 열거할 수 없을 정도야. 그런데 이 다양한 형식의 대중음악은 예전부터 전해 내려오던 우리의 전통 음악이 아니야. 서구에서 들어온 것들이지.

근대 이전의 순수한 우리 전통 음악에는 뭐가 있을까? 궁중에서 연주된 아악과 속악이 있고, 일반 백성들이 유흥을 즐길 때나 노동을 할 때 부르는 민요가 있고, 조선 후기에 큰 인기를 끈 판소리 같은 게 있어.

그런데 지금은 판소리와 일부 민요를 제외하면 일상적으로 접하기가 힘든 상태야. 그 사이의 공백을 채운 것이 서구에서 들어온 대중음악이야. 우리의 대중음악은 일본, 미국의 음악과 밀접한 관계가 있어. 두 나라를 통해서 대중음악을 받아들였기 때문이야. 사정이 이렇게 된 데에는 고난에 찬 역사가 자리 잡고 있단다.

여기서 잠시만 지난날의 어두웠던 역사를 돌아볼까? 조선 후기에 서구 열강들이 문호 개방을 외치며 우리나라로 몰려들었어. 당시 권력을 잡고 있던 흥선대원군은 쇄국정책을 펼치며 안으로 꼭꼭 문을 걸어 잠갔지. 역사책에서 '병인양요'니 '신미양요'니 하는 말을 들어 봤을 거야. 교류하자는 서구 열강의 요구를 힘으로 물리친 사건이지.

처음에는 쇄국정책이 먹혀드는 듯했어. 하지만 이 틈을 비집고 들어온 게 일본이야. 일본은 1876년 운양호 사건을 일으켜 조선을 윽박지른 결과 강화도 조약을 맺었어. 조선이 맺은 최초의 근대 조약이야. 조선은 이를 계기로 문호를

개방하게 되었지. 일본은 그 후 침략의 본성을 노골적으로 드러내 1905년 을사늑약, 1910년 한일병탄을 통해 조선을 집어삼키고, 우리 민족은 불행한 식민지 통치를 겪게 되었단다.

1945년 해방과 함께 일제는 물러갔어. 대신 제2차 세계대전의 승전국인 미국이 남한에 들어와 우리 정치를 좌지우지했어. 6·25 한국전쟁을 거치면서 동맹국 미국의 입지는 더욱 강해져 정치·경제·사회·문화 등 여러 방면에서 큰 영향을 미쳤지.

대중음악도 이렇게 굴곡이 많은 우리 역사에서 자유로울 수 없었어. 식민지 시절에는 일본을 통해 들어온 음악의 영향을 받고, 해방 이후에는 미국을 통해 들어온 음악의 영향을 고스란히 받았거든.

한국전쟁 직후부터 1970년대 무렵까지는 서울 용산에 주둔한 미8군이 우리 대중음악의 발전에 크게 기여했어. 당시 정기적으로 열리는 무대 공연을 위해 미군들이 직접 오디션을 열어 음악인을 선발했거든. 이 무대에 서게 되면 상당히 큰 액수의 수입이 보장되었기 때문에 실력 있는 가수들이 이 무대에 서기 위해 노력했지.

여기에 뽑힌 가수들은 미국 군인들의 취향을 만족시키려고 재즈와 블루스 등 서구의 팝 음악을 익히고 연주했어. 미8군 무대 출신의 음악인이 국내 가요계의 중심에 서면서 미국 음악의 영향을 받은 가요들이 국내 대중음악계에도 뿌리를 내린 것이지.

따라서 이 시대를 산 대중음악가들은 외국 음악의 영향을 자연스레 받아들이면서도 어떻게 하면 우리 정서와 감성에 맞는 독자적인 음악을 선보일까 하는 고민을 숙제처럼 떠안게 되었단다.

'십년감수'한 축음기 사건

대중음악의 발전은 축음기의 발명과 함께 시작되었어. 축음기는 1877년 발명왕 에디슨이 처음 만든 것으로 알려져 있어. 우리나라에는 고종 24년인 1887년 선교사 알렌에 의해 처음 소개되었다고 해. 이때 웃지 못할 일화가 생겼단다.

고종 황제는 축음기를 보고는 무척 신기하게 여겼어.
"음… 이 기계에서 정말로 노랫소리가 난단 말이오?"
"그렇사옵니다, 폐하!"
"거참, 괴이한지고. 여봐라, 얼른 가서 박춘재를 데려오너라!"

19세기 말 축음기의 모습. 에디슨이 만든 왁스실린더 포노그래프(1899).

박춘재는 당시 소문난 명창이었어. 그를 데려다 정말 노랫소리가 나는지 시험해 보고 싶었던 거지. 고종의 명을 받은 박춘재는 판소리 춘향가 중 한 대목을 뽑았어.

곡조를 마치자 축음기를 돌렸지. 기계에서는 방금 부른 노랫소리가 똑같이 흘러나왔어. 고종 황제를 비롯하여 그 자리에 모여 있던 사람들은 모두 눈이 휘둥그레졌어. 특히 박춘재는 축음기에서 자기와 똑같은 목소리가 흘러나오는 것을 듣고 기절초풍할 듯이 놀랐어. 이를 지켜본 고종 황제가 말했지.

"춘재, 그대의 수명이 십 년은 줄었겠소!"

박춘재의 혼이 축음기에 빼앗겨서 십 년쯤 수명이 줄었겠다고 생각한 거야. 이때부터 십 년이나 수명이 줄 만큼 놀랐다는 의미로 '십년감수'란 말이 생겨났다고 해.

우리나라 최초의 음반 『다정가』

우리나라 최초의 상업 음반은 무엇이며 언제 만들어진 것일까? 지금까지 알려진 바에 따르면 구한말 대한제국 시절인 1907년 경기 민요 『Corean Song 다정가(多情歌)』를 제작한 것이 처음이야.

당시 악공 한인호와 관기 최홍매, 그리고 세 명의 기악 연주자가 일본 오사카로 건너가서 음반을 녹음하고, 미국 컬럼비아 본사에서 유성기 음반으로 만들어 경성(지금의 서울)에서 판매했지. 음반 제작 기간이 보통 6개월 이상 걸리기 때문에 오사카에서 녹음한 시기는 그 전해인 1906년 하반기쯤으로 추정하고 있어.

우리나라 최초의 음반 『다정가』의 모습.

이 음반은 한쪽 면만 녹음된 쪽판이며, 뒷면에는 미국 컬럼비아 본사 사진과 발매 딱지가 붙어 있어. 재미있는 점은 레코드사의 이름인 컬럼비아가 '아비럼컬'이라고 옛날식으로 거꾸로 쓰여 있다는 거야. 또 영문이 'Korean'이 아닌 'Corean'으로 되어 있고, '한가(韓歌)'라 적혀 있어 구한말 대한제국 시절의 표기임을 알 수 있지.

그 당시 축음기나 음반은 값이 무척 비쌌기 때문에 아무나 살 수 없었어. 고관대작이나 일부 부유한 사람들의 사치품이었지. 그렇다고 일반인이 음반을 전혀 못 들은 건 아니야. 극장이나 대중 집회, 또는 사람이 많이 모이는 장소에서 축음기를 틀어 주어 일반인도 접할 수가 있었단다.

한국의 첫 음반인 『다정가』는 우리 음반 역사의 출발을 알린 귀중한 자산이며 소중한 기록이야.

2 뽕짝은 가고, 팝 음악은 오고

초창기 한국 대중음악의 역사에서 빼놓을 수 없는 것이 트로트 가요야. 흔히 '뽕짝'이라 부르곤 하지. 일제강점기 시절에 생겨난 대중가요 양식이야. 처음에는 일본에서 유행하던 대중가요 '엔카'를 그대로 번역하거나 번안해 부른 노래를 선보이다가 1930년대부터 본격적인 창작이 이루어져 우리나라의 대중가요로 정착하기 시작했어.

초창기에 나온 유명한 곡을 꼽아 보면 1932년 이애리수가 부른 〈황성옛터〉, 1934년 고복수가 부른 〈타향살이〉, 1935년 이난영이 부른 〈목포의 눈물〉 등이야. 이 노래들은 지금도 전설이 된 채 살아남아 심심찮게 불리고 있지.

가사에서 풍기는 정서적 내용은 신파 소설이나 연극, 영화 등에서 자주 접할 수 있는 감성과 거의 비슷해. 대개 이루어지지 못한 사랑이나 이별의 애절한 슬픔, 고향을 떠나 정착하지 못한 나그네의 설움 등을 노래하고 있지. 그 시절 나라 잃은 우리 민족의 서러운 감성을 반영하고 있었기 때문에 큰 인기를 불러 모았단다.

그런데 당시만 해도 새롭게 등장한 이 노래들을 가리키는 뚜렷한 명칭이 없었어. 그저 '유행가' '유행소곡' 등으로 부르면서 전통적인 우리 민요의 가창 방식은 계승한 신민요와 구별했을 뿐이지.

트로트라는 명칭이 생긴 건 한참 뒤의 일이야. 해방 이후 남한은 미국을 통해 들어온 대중음악의 영향을 크게 받았어. 1950년대 후반에 들어서면서 미국 대중음악의 영향을 받은 노래들이 점차 새로운 인기몰이를 시작했지. 이에 떠밀려 트로트가 잠시 쇠락하는 조짐을 보였지만, 1964년 이미자가 부른 〈동백 아가씨〉가 폭발적인 인기를 끌면서 다시 살아나 명맥을 이어 갔지.

이 시기의 트로트는 일제강점기의 트로트와는 달리 미국 대중음악의 가창 방식을 받아들여 지나치게 목소리를 꺾는 기교적인 꾸밈음을 절제하고, 그 대신 담담하고 중후한 가창 방식을 취했어. 아울러 '트로트'라는 명칭도 얻게 되었지. 일제강점기에 일본 엔카의 영향을 받아 형성된 대중가요 양식임에도 불구하고 이 무렵에 서구적인 냄새를 물씬 풍기는 트로

트로트의 유래

본래 트로트는 서양의 춤곡인 '폭스 트롯(fox trot)'에서 비롯된 말이야. 그런데 한국 대중가요의 트로트 양식과 폭스 트롯은 2박자의 리듬이라는 점을 빼고는 연관성이 전혀 없어. '쿵작 쿵작'하는 2박자의 리듬감이 바탕에 깔려 있어서 사람들 사이에서 '뽕짝'이라고 비하하는 명칭이 등장하기도 했지.

트로트는 한때 장년이나 노년층이 즐기는 음악으로 여겨졌지만, 최근에는 다시 우리나라 대중가요계에 붐을 일으키고 있어.

트라는 이름을 얻게 된 것은 시대의 변화와 아울러 서구적인 대중음악의 영향 때문이지.

시간의 흐름에 따라 유행은 변하게 마련이야. 트로트가 서서히 주변부로 밀려나면서 중심부로 치고 들어온 것이 팝(pop) 음악이지. 팝은 '대중' 혹은 '유행'을 뜻하는 영어 '파퓰러(popular)'의 줄임말이야. 다시 말해 대중들에게 크게 유행하는 오락적 성격을 띤 경쾌한 음악을 통틀어 일컫는 말이지. 팝은 이처럼 범위가 넓기 때문에 그 속에는 록, 알앤비, 힙합, 랩, 포크, 블루스 등 다양한 음악 형식이 포함되어 있어.

이 가운데 우리나라에서 처음 유행을 탄 형식은 록 음악과 포크송이야. 1970년대에 자유로운 청년문화가 퍼져 나가면서 새로운 대중음악으로 인기를 끌게 된 것이지. 록은 여러 악기가 어우러지기 때문에 대개 그룹사운드 형태를 띠게 돼. 그룹사운드 음악은 곧 젊은이들의 음악이기 때문에 청년들에게 폭발적인 인기를 얻었지.

다른 한편으로는 포크 음악이 한 축을 이루며 크게 유행했어. 그룹사운드가 여러 악기에서 뿜어져 나오는 고출력의 음향을 배경으로 한다면 포크 음악은 통기타 하나에서 우러나오는 잔잔한 선율을 배경으로 삼고 있어. 가사의 내용도 그룹사운드가 다소 거칠고 도발적인 내용을 담고 있는 반면, 포크송은 아주 서정적이며 시적이야. 록 음악과 함께 포크 음악 역시 젊은이들의 정서와 생동감을 표현하는 언어가 되었어.

당시 록 음악을 대표하는 사람이 신중현이라면, 송창식, 김민기, 한대수, 양희은 등은 포크 음악을 대표하는 가수들이지. 이들은 한 시대를 빛냈을 뿐 아니라 지금까지도 그 이름이 빛나고 있단다.

3 팝 음악의 중심, 록과 포크

팝 음악의 역사는 서양에서도 그리 오래되지 않았어. 여러 의견이 있지만 1950년대 중후반을 팝 음악의 출발점으로 보는 견해가 지배적이야. 이 시기는 제2차 세계대전 이후 미국이 전 세계적인 강대국으로 발돋움하며 문화와 예술을 부흥시키던 때야.

음악도 이런 흐름에 합류하여 '로큰롤(Rock and Roll)'이라는 새로운 대중음악이 떠오르기 시작했어. 로큰롤은 여러 가지 대중음악이 혼합된 형태야. 즉 미국 남부 흑인들의 독특한 대중음악 형태인 '블루스(Blues)'에 강한 비트가 가미된 '리듬 앤 블루스(Rhythm & Blues, 줄여서 알앤비(R&B)라고도 함.)'가 합쳐지고, 미국 남서부의 카우보이, 광부, 농부 등 백인 노동자들의 통속적인 '컨트리 뮤직(Country Music)'이 적당히 뒤섞여 젊은이 취향에 맞게 만들어진 대중가요라 할 수 있지.

내용은 주로 젊음의 기쁨을 칸

로큰롤의 시작

프리드는 미국 펜실베이니아주 출신의 인기 디제이였어. 로큰롤은 그가 만든 말이라고 해도 과언이 아니야. 뉴욕으로 활동 무대를 옮긴 프리드는 1951년경 젊은이들이 좋아하는 비트가 강한 최신 팝송을 소개하는 라디오 프로그램을 진행했어. 그 프로그램의 이름이 바로 [로큰롤 파티]였지. 그는 이 프로그램을 진행하면서 최고의 인기를 누렸고, 사람들은 이 프로그램에서 소개하는 일정한 유형의 노래들을 프로그램의 이름을 따 '로큰롤'이라 부르기 시작했어. 이후 시간이 흐르면서 로큰롤은 음악 용어로 확고하게 굳어져 오늘날까지 통용되고 있단다.

양하거나 젊은 층이 가진 불만을 토로하는 것이었어. 당시의 기성세대는 로큰롤을 한때의 유행으로 받아들였지. 그래서 적당히 무시하거나 사회에 대한 도전이라고 비난하기도 했어. 하지만 로큰롤은 1960년대 중반쯤 하나의 음악 형식으로 확고히 자리를 잡으면서 폭넓은 관심을 끌고, 60년대 후반쯤 되어서는 록 음악의 뿌리였던 블루스에서 벗어나면서 간단히 '록 음악'이라 부르기 시작했지.

록은 일반적으로 보컬, 전자 기타, 베이스 기타, 드럼 이렇게 넷으로 구성되며, 강렬한 기타 소리 혹은 드럼 소리가 특징이야. 록 음악이 부흥하는 데는 전설적인 가수 엘비스 프레슬리나 비틀즈 같은 그룹이 큰 몫을 했어. 우리나라에도 1970년대에 들어서 이런 가수들의 음악이 소개되면서 큰 영향을 끼쳐 록 음악이 인기를 얻었단다.

한편 자극적인 음향이 특징인 록과 달리 잔잔한 선율의 포크송도 유행했어. 본래 포크(fork)란 말은 '민요'를 뜻하는 말이야. 하지만 당시 포크송이라 불리던 노래는 모던 포크, 즉 전통 민요와 결이 다른 민요풍의 창작 대중가요를 가리키는 말이지.

미국에서는 1960년대 조안 바에즈, 밥 딜런 같은 가수들이 대중에게 큰 사랑을 받았어. 우리나라도 여기에 영향을 받아 1970년대 포크송이 선풍적인 인기를 끌었지. 다만 미국의 포크가 상업적 음악 활동을 거부하고 사회적 비판의식이 강했던 데 비해 한국의 포크는 상업 음반이나 방송 활동을 거부하지는 않았고 사회적 비판의식 또한 그리 강한 편이 아니었어. 소박한 통기타 반주가 동반된 노래를 두리뭉실하게 포크송이라 지칭하곤 했지.

1970년대 대중가요계의 주류를 이룬 송창식, 윤형주 등의 포크송은 대마초 파동이라는 불미스러운 사건을 겪은 이후 쇠락해 갔어. 반면에 대중가요계 바깥에 있던 김민기, 한대수 같은 가수들이 맥을 이어가면서 포크송은 새로운 발전을 거듭했지. 금지곡이 된 김민기의 〈아침이슬〉〈친구〉 등은 창작자의 의도와는 무관하게 민주화 운동과 맞물려 민중가요로 재해석이 이루어졌고, 대학가를 중심으로 포크송 동아리가 우후죽순처럼 생겨났어.

이에 따라 1980년대의 포크송은 대중가요계가 아니라 민중가요계에서 눈부신 발전을 하게 되고, 수많은 창작곡이 발표되어 널리 불렸지. 1987년 6월 항쟁 이후 '노래를 찾는 사람들' '노래마을'과 같은 노래패가 대중가요 시장 안으로 들어왔으며, 김광석, 안치환 등은 1990년대에 솔로 가수로 전환하여 대중가요계에서 쇠락한 포크송에 다시 활력을 불어넣었어. 한편 정태춘은 대중가요계에서 활동하다 거꾸로 민중가요계로 넘어와 중후한 명곡들을 쏟아내며 포크송 가수로 큰 활약을 했단다.

'듣는 음악'에서 '보는 음악'으로

해방 이후 우리 대중가요의 역사를 대략 정리하면 다음과 같아. 1960년대는 이미자, 남진, 나훈아 등으로 대표되는 트로트 음악이 주류를 이루는 가운데 한국에 주둔한 미8군 무대를 중심으로 활약하던 최희준, 패티김 등이 미국 팝 음악 스타일의 노래를 불러 새로운 흐름을 이루었어.

1970년대로 넘어오면서 김민기, 송창식으로 대표되는 포크 음악과 신중현, 김추자 등의 록 음악이 인기를 얻으며 가요계의 양대산맥을 형성했지.

1980년대에 들어오면 다양한 음악 장르가 고개를 내밀면서 이전보다 훨씬 풍성해졌어. 이 시기에 눈부신 활약을 펼친 이는 가왕 조용필이야. 그는 트로트, 록, 팝, 댄스, 통기타 포크, 민요 등 거의 모든 음악 장르를 능숙하게 소화하며 대중에게 폭발적인 인기를 얻었지.

아울러 유재하, 이문세, 변진섭 등의 발라드 가수들도 인기몰이를 하는 가운데 다른 한편에서는 언더그라운드 음악이라는 이름 아래 시나위, 부활, 김현식, 신촌블루스 등과 같이 다양한 색깔을 지닌 음악인이 두터운 팬층을 형성하기도 했어.

그런데 이 시기에 특히 눈여겨보아야 하는 일은 따로 있어. 이전과는 질적으로 전혀 다른 음악이 첫선을 보였거든. 당시 전 세계적으로 엄청난 인기를 누리던 디스코 음악이 국내에 상륙한 거야. 디스코는 빠르고 경쾌한 리듬의 신나는 음악이라 춤을 추기에 안성맞춤이었지.

1980년대 후반이 되어 디스코의 유행은 한풀 꺾이지만, 이 여파에 힘입어 춤추기 좋은 노래들이 대중가요계에 등장하기 시작했어. 이른바 '댄스 음악'이라는 새로운 스타일의 가요가 사람들의 시선을 사로잡은 거지. 소방차, 박남정, 김완선 등이 샛별처럼 나타나 최고의 인기를 누렸어. 이들은 당시 인기를 모은 미국, 유럽, 일본의 댄스 음악에서 영향을 받아 리듬감 넘치는 음악을 배경으로 무대에서 화려한 춤을 선보이며 관객들의 열광적인 반응을 이끌어 냈지.

이는 대중가요계의 획기적인 사건이라고 할 수 있어. 왜냐하면 이제까지의

디스코의 인기

디스코(Disco)는 빠르고 경쾌한 리듬감으로 이루어진 대중음악 장르야. 몹시 흥겨운 리듬이기 때문에 춤을 추기 위해 만들어진 음악이라 해도 과언이 아니지. 1977년 존 트라볼타 주연의 영화 〈토요일 밤의 열기〉가 전 세계적으로 인기를 끌면서 널리 알려졌지. 정열적이며 격렬한 춤 동작을 동반한 디스코는 1979년 무렵부터 우리나라 젊은이들 사이에 급속도로 전파되면서 1980년대 초중반까지 엄청난 인기를 누렸단다.

음악은 노래를 들으며 흥얼거리는 청각적 예술이었어. 하지만 댄스 음악의 등장으로 음악을 듣기만 하는 데 머물지 않았지. 이제는 귀로 들으면서 눈으로 보고 즐기는 시청각적 예술로 탈바꿈한 거야. 바야흐로 '듣는 음악'에서 '보는 음악'으로 지각 변동이 일어난 거란다.

한국 대중가요 100년의 역사를 한눈에!

구한말에서 최근 한류 열풍을 몰고 온 케이팝까지 한국 대중가요의 역사를 한눈에 볼 수 있는 곳이 있어. 바로 경주에 있는 한국대중음악박물관이야. 이곳은 외관부터 눈길을 끌어. 통기타를 본뜬 거대한 조형물이 입구를 장식하고 있어서 안으로 들어가 보고 싶은 충동을 느끼게 해.

경북 경주에 있는 한국대중음악박물관의 외부 모습.

기타 속으로 들어가면 우리나라 대중가요 100년의 역사를 고스란히 느낄 수 있는 갖가지 물품과 음악을 만날 수 있어. 우리 대중음악의 출발부터 최근의 케이팝 열풍에 이르기까지 어떤 노래와 가수들이 유행하고 인기를 끌었는지 10년 단위로 일목요연하게 소개하고 있어. '소리가 나는 마술 상자'라 불렸던 유성기 음반을 비롯하여 시대별로 유행한 디스크와 희귀한 오디오 등을 전시하고, 유명 가수들이 공연하면서 입던 옷이나 악기, 그들의 생활소품도 특별 전시로 열고 있지.

아울러 여러 악기나 음악을 체험할 수 있는 재미있는 공간이 따로 마련되어 있어 우리 대중가요의 역사를 온몸으로 보고 듣고 느낄 수 있단다.

5 신세대 댄스 가요의 등장

대중가요는 그저 유행 따라 흥얼거리는 음악에 불과하다고 생각할 수도 있어. 하지만 그 속살을 잘 들여다보면 그 이상의 의미도 꺼낼 수 있지. 대중음악은 그 시대의 사회상과 변화를 담아내는 거울이라고 할 수 있거든.

트로트는 우리 대중음악이 태동하던 시절부터 해방 이후까지 오랜 시간 꾸준히 인기를 누렸어. 이 시대에 음악을 소비하는 계층의 중심에는 30~40대 이상의 중장년층이 있었어. 당시에는 사회의 변화 속도도 그만큼 느렸기 때문에 음악 소비층에 변화가 거의 없었지.

그러던 것이 1960년대부터 급속한 경제 발전과 서구 문화의 유입으로 서서히 변화의 기운이 꿈틀대기 시작했어. 1970년대 청년문화가 일어나면서 음악 소비층의 중심이 20대의 젊은이들로 바뀌어 간 거지. 신중현으로 대표되는 록 음악과 통기타 반주를 동반한 포크 음악, 그리고 1970년대 말에서 1980년대 중반에 이르기까지 '대학가요제'와 '강변가요제'가 폭발적인 인기를 누린 것도 이 시기의 일이야.

이후 1980년대 후반부터 1990년대 초반 사이에는 정치, 경제, 사회적으로 큰 변화가 일었어. 군사독재 정권이 물러나 권위주의 시대의 억압이 사라지고, 고도의 경제 성장으로 인해 생활이 풍요로워졌으며, 문화적으로 다양성이 존

중받는 시대가 된 것이지. 이런 정치·경제적 배경을 밑거름 삼아 또 한 번 음악 소비층에 중대한 변화가 일어나게 돼. 10대가 음악을 소비하는 중심으로 우뚝 서게 된 거야.

 사실 10대는 스스로 돈을 벌지 못하기 때문에 주요 소비층이 되기 어려워. 그들이 음반을 사고 음악을 소비하는 중심 계층이 되려면 그들에게 용돈을 주는 부모들의 경제 사정이 좋아야 해. 그러니까 1980년대 후반이 되어서야 한국의 10대들이 대중음악의 소비층으로 등장하게 된 것은 굉장히 자연스러운 일이야. 급속한 경제 성장 덕분에 국민소득이 올라가고, 이에 따라 10대들의 주머니 사정도 나아진 까닭에 주요 음악 소비층으로 급부상했어. 바야흐로 10대가 대중음악 산업의 흐름을 좌지우지하는 큰손으로 떠오른 거란다.

이것은 비단 우리나라에서만 나타난 특이한 현상은 아니야. 서구에 비해서는 오히려 늦은 감이 있지. 미국의 경우 제2차 세계대전 이후에 태어난 베이비 붐 세대들이 자라 1960년대 록 음악의 폭발적 성장에 큰 몫을 했어. 물론 여기에는 미국의 경제적 번영과 풍요로움이 밑바탕이 되었지. 마찬가지로 한국도 1970년대에 출생한 베이비 붐 세대들이 1980년대 후반 경제 성장을 바탕으로 대중음악 소비층의 중심에 자리 잡게 되었단다.

이들이 선택한 것이 바로 댄스 음악이야. 댄스 음악은 듣는 음악이 아니라 보는 음악이었기 때문에 조용히 노래만 부르지 않았어. 신나고 경쾌한 음악과 더불어 화려한 의상, 현란한 춤, 눈길을 사로잡는 퍼포먼스와 무대 매너 등 다양한 볼거리를 선사했지.

신세대 댄스 가요의 인기는 방송 산업에도 영향을 끼쳤어. 가요는 기본적으로 귀로 듣고 즐기는 청각적 예술이라 텔레비전보다는 라디오가 더 중요한 매체였어. 하지만 댄스 음악은 듣는 것 못지않게 갖가지 볼거리에 치중하다 보니 시각적 요소를 모두 보여 주는 텔레비전이 음악 산업에서 중요한 비중을 차지하기 시작했단다.

댄스 가요의 대표 주자들

댄스 음악은 짧은 기간에 급성장했어. 당시 인기 있는 댄스 가요만을 따로 모아서 불법으로 만든 카세트테이프가 전국 각지의 노점상에서 공공연히 팔리곤 했지. 이 가요 모음집의 겉면에는 보통 '신세대 댄스 가요'라는 이름이 붙어 있었어.

신세대라는 수식어는 대중가요의 주요 소비층으로 새롭게 떠오른 젊은 세대를 뜻해. 따라서 신세대 댄스 가요라는 표현은 새로이 음악 소비층으로 떠오른 세대들이 좋아하고, 그들의 취향에 맞는 새로운 양식의 한국 댄스 음악을 가리키는 말이지.

신세대 댄스 음악의 대표 주자를 꼽아 보면 3인조 남성 그룹인 소방차, 한국의 마돈나로 불린 김완선, 현란한 춤 솜씨로 젊은이를 사로잡은 박남정을 비롯하여 룰라, 알이에프(R.ef), 현진영, 노이즈 등이야. 하지만 뭐니 뭐니 해도 이 시기에 혜성처럼 등장하여 10대들의 전폭적인 지지와 응원을 받은 건 '서태지와 아이들'이지. 이들의 출현은 한국가요사에 큰 획을 긋는 엄청난 사건이었단다.

1980-1990년대에는 카세트테이프를 구입하여 음악을 들었어. 카세트플레이어를 들고 야외에 나가 댄스 음악을 크게 틀어 놓고 즐기기도 했지.

인간은 까마득히 오랜 옛날부터 조금씩 진화하면서 오늘에 이르렀어.
작은 생명체에서 시작해서 유인원 단계를 지나 오스트랄로피테쿠스, 호모 에렉투스,
호모 사피엔스를 거쳐 현생 인류에 이른 거야.
케이팝의 역사도 다르지 않아. 기나긴 시간 동안 우리 대중가요는
다양한 음악적 변화와 발전의 과정을 거쳤어.
그 가운데 신세대 댄스 음악은 케이팝의 직계 조상이라 할 수 있지. 그럼 신세대 댄스 음악부터
시작해 케이팝이 전 세계적인 열풍을 몰고 온 과정을 하나하나 살펴볼까?

2장
케이팝과 한류 열풍

1 케이팝의 서막을 연 '서태지와 아이들'

1992년 4월 11일은 한국 대중가요사에서 아주 특별한 날이야. 이날 MBC 방송국의 [특종! TV 연예] 프로그램에서 '서태지와 아이들'의 〈난 알아요〉가 처음으로 방송을 탔어. 서태지와 아이들이 얻은 점수는 10점 만점에 7.8점! 이 점수는 [특종! TV 연예]가 방송의 막을 내릴 때까지 가장 낮은 점수로 기록됐어. 심사위원 중에는 "멜로디가 약하고 음악성이 떨어진다."며 악평을 쏟아낸 사람도 있었지. 이런 혹평이 나온 건 힙합이라는 새로운 스타일의 춤과 음악, 패션뿐 아니라 노래 중간중간에 나오는 랩이 아주 낯설었기 때문이야.

하지만 심사위원들과 달리 시청자의 반응은 뜨거웠어. 주말 방송이 나간 이후 월요일부터 본격적으로 〈난 알아요〉 열풍이 불기 시작했어. 특히 10대들에게 폭발적인 인기를 얻었는데, 노래에 맞춰 선보인 일명 '회오리춤'이 눈길을 사로잡았어. 이후 서태지와 아이들은 음악뿐 아니라 댄스, 패션 등 모든 유행을 이끌었으며, 이들의 뒤를 잇는 수많은 댄스 음악 팀이 생겨났지.

이런 놀라운 성공 뒤에는 이 그룹의 리더인 '서태지'라는 걸출한 스타가 있었어. 사실 서태지는 본명이 아니야. 원래 이름은 정현철, 중·고등학교 때부터 음악에 심취해 밴드를 만들고, 이후 그룹 '시나위'에서 잠깐 활동했으나 탈퇴한 뒤 1992년 당시 춤꾼으로 소문난 이주노와 양현석을 끌어들여 '서태지와 아이

들'을 결성했어. 서태지는 메인보컬로, 작사와 작곡은 물론 음악 제작 전반을 두루 맡아서 하는 탁월한 실력을 보여 주었지.

　서태지와 아이들로 활동하던 기간에 총 네 장의 앨범을 냈는데 음반 판매량이 엄청났어. 1집은 180만 장, 2집은 220만 장, 3집은 160만 장, 4집은 240만 장으로 불과 4년 동안 놀라운 음반 판매량을 기록했지.

　서태지와 아이들이 이 시대를 대표하는 대중음악가로 추앙받은 이유는 단지 높은 인기 때문만은 아니야. 그들은 젊은 세대의 취향에 맞추면서도 자신의 소신과 철학을 담은 다양한 음악적 실험을 했어. 기본적으로 힙합과 록이 섞인 사운드에 태평소 같은 한국 전통 악기와 랩을 접목하는 등 독자적인 음악 세계를 선보이려 노력했지.

아울러 노래 가사 또한 잘못된 현실을 비판하는 사회성 짙은 내용을 과감하게 담아냈어. 입시에 찌든 교육 제도를 비판한 〈교실 이데아〉를 비롯하여 분단된 조국의 평화 통일을 염원한 〈발해를 꿈꾸며〉, 방황하는 청소년 문제를 끄집어낸 〈컴백홈〉 등이 대표적이야. 당시 〈컴백홈〉을 듣고 가출한 청소년들이 집으로 돌아가기도 했다는 얘기가 나돌 만큼 그의 노래는 10대들에게 큰 영향을 미쳤지.

이런 사회의식을 담은 가사 때문에 큰 파장이 일기도 했어. 4집에 수록된 〈시대유감〉은 1995년에 벌어진 삼풍백화점 붕괴라는 어처구니없는 사고를 주제로 삼은 사회비판적인 곡이야. 가사 중에는 '검게 물든 입술, 정직한 사람들의 시대는 갔어. 숱한 가식 속에 오늘은 아우성을 들을 수 있어.'라는 내용이 있어. 이에 한국공연윤리위원회는 '일부 가사가 과격하며 현실을 부정적으로 그렸다.'는 이유로 수록 금지 및 가사 수정 판정을 내렸지.

당시에는 이처럼 노래가 나오기 전에 미리 내용을 검열하는 '사전 심의 제도'란 게 있었어. 이에 반발한 서태지는 노래 가사 없이 반주만을 앨범에

사전 심의 제도와 정태춘, 서태지

사전 심의 제도는 1961년 공연예술윤리위원회가 등장하면서 시작되었어. 이 제도에 의해 수많은 창작 작품이 금지되어 사라지거나 작품의 원형이 훼손되어 세상에 나왔지. 당시 음반을 내려면 곡과 가사를 윤리위원회에 사전 제출해 1차 심의를 받고, 다시 완성된 음반을 납본해 사후 심의를 받아야 했거든.
이에 정태춘은 최초로 사전 심의를 받지 않고 자신의 앨범을 불법 발매하면서 이 제도에 항의하기 시작했어. 정태춘의 5집 앨범 『아, 대한민국…(1991년 발매)』과 6집 앨범 『92년 장마, 종로에서(1993년 발매)』는 사전 심의 철폐 운동에 불을 붙인 음반이었지. 이후 사전 심의 철폐 운동은 영화계와 문학계로 확산되고, 결국 서태지와 아이들의 〈시대유감〉 가사 삭제 사태로 사회적 공감대가 더욱 확대되었어. 급기야 1996년 헌법재판소에서 위헌 판결을 내리게 되어 사전 심의 제도는 완전히 폐지되었단다.

수록했어. 이 사건은 사전 심의 제도를 둘러싼 논쟁을 일으켜 이듬해인 1996년 결국 이 제도를 폐지하기에 이르렀지. 덕분에 이후 좀더 자유로운 음악 활동이 가능하게 되었지.

이렇듯 10대들의 우상으로 사회적 파장을 불러온 서태지는 '문화 대통령'이란 칭호를 듣기도 했어. 당시 신세대 댄스 가요의 정점에 있던 서태지와 아이들은 우리 대중가요의 역사에 큰 획을 그었기 때문에 훗날 케이팝 열풍이 시작되는 출발점으로 보는 시각이 많단다.

힙합은 뭐고 랩은 뭐야?

힙합은 1980년대 미국에서부터 유행하기 시작한 역동적인 춤과 음악, 패션 스타일 따위를 통틀어 이르는 말이야. 음악적으로는 래퍼가 속사포처럼 내뱉는 빠른 랩이 있고, 춤으로는 비보이가 선보이는 묘기에 가까운 브레이크 댄스가 있고, 패션으로는 땅바닥에 끌릴 정도로 헐렁하게 입는 의상 스타일이 있어. 따라서 무대에서 헐렁한 옷을 입고 브레이크 댄스를 추며 랩을 한다면 이것이 힙합인 것이지.

본래 힙합(hip hop)이란 말은 특별한 뜻을 지니고 있지는 않아. 미국의 병사들이 행군하면서 '힙 힙 합' 하고 외치는 기합 소리가 마치 재즈의 즉흥 음악과 같다고 해서 붙은 이름이래. 또 '엉덩이(hip)를 흔든다(hop)'는 말에서 유래했다는 얘기도 있어. 어쨌든 힙합은 미국 뉴욕의 흑인 빈민가를 중심으로 생겨난 뒤 순식간에 전 세계로 퍼져 나갔지.

우리나라에서는 서태지와 아이들이 등장하면서 당시 청소년들 사이에 힙합 스타일의 춤과 노래, 패션이 크게 유행했어. 특히 엉덩이 아래로 헐렁하게 걸친 바지가 마치 똥을 싼 것처럼 보인다고 해서 일명 '똥 싼 바지'라 재미있게 부르기도 했단다.

서태지와 방탄소년단

서태지와 아이들은 4집 앨범을 낸 이후 1996년 돌연 해체를 선언했어. 이후 서태지는 해외로 출국하여 국내에 모습을 드러내지 않다가 1998년 5집 앨범을 내면서 솔로 가수로 활동을 재개했어. 이어서 몇 년 간격으로 솔로 앨범을 계속 내놓았지. 현재까지는 2014년 9집 앨범이 마지막이야.

이 과정에서 잠적과 활동이 반복되었는데 비활동기에는 철저하게 세상에 모습을 드러내지 않았어. 그 때문에 서태지가 사망했다는 엉뚱한 설이 나돌기도 했어. 그는 음악의 완성도를 높이기 위해 활동을 하지 않을 때는 이처럼 완벽하게 세상과 담을 쌓은 거야.

그의 음악 활동은 여전히 계속되고 있어. 특히 2017년에는 데뷔 25주년을 맞아 기념 콘서트를 열었는데 여기에 방탄소년단이 깜짝 출연하여 함께 무대에서 노래를 불러 화제를 모으기도 했단다.

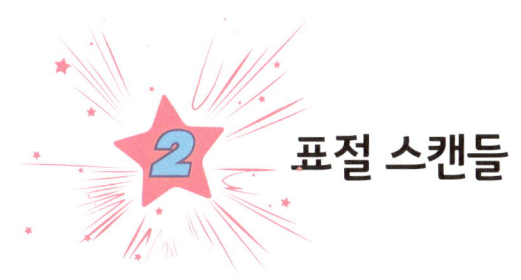

2 표절 스캔들

신세대 댄스 가요는 1990년대 중반까지 최고의 인기를 누렸어. 그런데 우연찮게도 이 시기에 표절 시비가 특히 많았어. 당시에 벌어진 웃지 못할 황당한 사건을 하나 소개해 볼까?

1996년 7월, 한 라디오 프로그램에서 신인 댄스그룹의 노래 한 곡을 내보냈어. 제목은 〈사랑에 관하여〉였어. 그룹 멤버인 K씨가 작곡한 노래라고 했지. 그런데 이 노래를 들은 어떤 대학생 청취자가 방송 도중 전화를 걸어 이 곡이 일본의 댄스그룹 '완즈'가 부른 노래와 너무 똑같다는 제보를 해 왔어. 제보를 받은 프로그램 담당자는 부랴부랴 소속사에 전화를 걸어 사실 여부를 물었지. 발등에 불이 떨어진 소속사는 즉시 확인 작업에 나서 제보가 사실인 게 밝혀지자 해당 그룹과의 계약을 파기하고 시중에 발매된 음반도 전량 회수해 버렸단다.

이런 표절 시비는 비단 무명의 댄스그룹에 국한된 것이 아니었어. 인기 절정을 달리던 댄스그룹들조차도 표절 논란에 많이 휘말렸지. 대표적인 게 〈날개 잃은 천사〉로 이름을 날린 4인조 댄스그룹이야.

이 그룹은 1995년 발표한 음반이 판매량 150만 장 이상을 돌파하는 폭발적인 인기에 힘입어, 그해 12월 〈천상유애〉를 대표곡으로 새 음반을 내놓았어. 그런데 이 곡이 일본의 남성 댄스그룹 '닌자'의 〈오마츠리 닌자〉를 표절했다는 의혹을 받았고, 이 음반의 다른 수록곡들 역시 과거 일본에서 히트한 곡들을 표절했다는 사실이 드러났어. 인기 정상을 달리던 이 그룹은 한순간에 바닥으로 떨어지고 말았지.

그런데 여기서 한 가지 의문이 생길 수 있어. 여러 나라 중 왜 하필이면 일본 대중음악에 대한 표절이 유독 심했을까 하는 점이야. 이유는 크게 두 가지야. 하나는 트로트가 일본 대중가요의 영향을 받은 것처럼 한국 대중음악과 일본 대중음악의 취향이 비슷했기 때문이야. 또 하나는 당시 일본의 대중음악이 우리나라 가요계 시장에 아직 개방되지 않았다는 점이 크게 작용했지.

일본의 대중문화가 개방되어 한국에 공식적으로 들어오게 된 것은 1998년

이후야. 그 이전에는 일본의 대중문화가 유통되는 것이 불법이었지. 그래서 일본의 제이팝은 한국에 전혀 소개되지 않았어. 가요계 종사자들은 이런 빈틈을 노렸지. 다시 말해, 일본 대중음악이 금지된 시절이라 몰래 조금씩 베껴도 사람들이 모를 거라고 여긴 거야.

1980년대 말부터 일본의 제이팝이 동아시아 지역에서 큰 인기를 얻게 되자 대중음악에 종사하는 사람들이 우리나라에도 그런 음악이 먹힐 거라고 생각하고 몰래 표절해서 발표한 거지. 신세대 댄스 음악이 크게 유행하던 1990년대 초중반에 특히 표절 논란에 휘말린 곡이 많았던 것은 이런 이유 때문이란다.

〈천상유애〉 스캔들이 우리 대중가요계를 뒤흔든 1996년 무렵부터 그동안 주요한 위치를 차지하던 신세대 댄스 가요의 인기는 급속히 저물기 시작했어. 표절 논란에 실망한 사람들이 등을 돌린 이유도 있지만 보다 근본적인 이유는 음악 소비층의 변화 때문이야. 더 이상 일본이나 해외의 철 지난 인기 음악을 적당히 베껴서는 절대 통하지 않을 만큼 음악 소비층의 수준과 정보력이 높아진 것이지.

아울러 신세대 댄스 가요의 신호탄을 쏘아 올린 서태지와 아이들이 이때를 즈음하여 돌연 해체를 선언하고, 이들의 경쟁자 역할을 하며 큰 인기를 누린 신세대 댄스 가요의 또 다른 대표 주자 듀스 역시 이미 활동을 중단한 상태였어. 그 외의 대표 가수들인 알이에프(R.ef), 투투, 현진영, 잼 등도 활동을 중단하면서 댄스 가요의 인기가 빠르게 식어 갔단다.

신세대 댄스 가요와 케이팝의 차이

한 알의 밀알이 땅에 떨어져 싹을 틔우면 밀알은 썩어 사라지지만, 싹은 자라 더 풍성한 열매를 맺게 되지. 케이팝의 경우도 마찬가지야. 신세대 댄스 음악은 케이팝 탄생에 한 알의 밀알 같은 역할을 했어.

신세대 댄스 음악은 듣는 음악에서 보는 음악으로 새로운 대중가요의 시대를 열었어. 수많은 인기 스타들을 배출하면서 우리 대중가요사에 큰 족적을 남겼지. 아쉽게도 일부 대중음악인의 표절 논란과 함께 신세대 댄스 가요는 급속히 사그라들었어. 하지만 신세대 댄스 음악은 케이팝 탄생에 좋은 밑거름이 되었지. 뒤이어 아이돌 댄스 음악이 선보이면서 본격적인 케이팝 시대의 막이 열리거든. 이때부터 케이팝이라 불리는 가요들이 무대 위로 올라온 거란다.

그런데 이 대목에서 어떤 사람은 고개를 갸웃거릴지도 몰라. 신세대 댄스 음악과 케이팝은 어떻게 구별되는 거지? 사실 이 두 가지가 칼로 무를 자르듯이 명확하게 구분되는 건 아냐. 기본적인 음악 스타일 면에서는 비슷한 점도 많거든. 그렇지만 신세대 댄스 음악과 케이팝 사이에는 몇 가지 중요한 차이점이 있단다.

먼저 신세대 댄스 가요는 전자 댄스 음악의 리듬 위에 미국의 알앤비, 힙합의 음악적 요소와 함께 일본 댄스 음악의 멜로디를 더해서 이루어진 음악이야.

 1990년대 말에 시작된 케이팝 역시 이런 음악적 구성 방식에서 크게 벗어나지는 않아. 하지만 랩의 비중이 조금 더 높아졌을 뿐만 아니라 힙합이나 알앤비 요소가 더욱 강화되었어.
 그래서 신세대 댄스 가요와 달리 일본의 댄스 음악과 쉽게 차별이 되고, 영미 중심의 세계적인 흐름에 더 가까워졌지. 이는 당시 인터넷의 급속한 발달로

인해 이전보다 훨씬 더 쉽고 빠르게 세계적인 대중음악의 추세를 따라잡게 된 일과 무관하지 않단다.

　여기에 더해 음악 창작자나 가수들의 출신과 성장 배경도 예전과는 크게 달라졌어. 신세대 댄스 음악의 가수들은 대부분 우리나라에서 나고 자란 순수한 토종 한국 사람이야. 이에 반해 케이팝의 창작자나 가수들은 국적이 다양하지. 1990년대 말부터 교포 출신 음악인이 한국 대중음악계에 적잖이 들어왔어. 그룹 H.O.T.의 토니안, 에픽하이의 타블로, 투피엠(2PM)의 박재범 등 교포 출신 가수는 일일이 이름을 열거할 수 없을 정도로 많아.

　2000년대 중반부터는 교포뿐 아니라 아예 한국인의 피가 전혀 섞이지 않은 외국인도 가요 창작자나 가수로 무대에 오르곤 했지. 그룹 에프엑스(f(x))의 빅토리아, 미쓰에이(miss A)의 페이 등은 중국인이고, 엠아이비(M.I.B)의 강남은 일본인이고, 에프엑스의 엠버는 대만계 미국인이고, 슈퍼주니어의 헨리는 중국계 캐나다인이고, 투피엠의 닉쿤은 태국계 미국인이지. 이처럼 케이팝에는 다양한 인종에 다른 국적을 가진 가수들이 멤버로 참여하고 있단다.

4. 케이팝은 왜 K-pop이야?

케이팝을 이야기하기 전에 먼저 살펴봐야 할 게 있어. 케이팝(K-pop)이란 용어에 대한 거야. 지금은 케이팝이란 말을 많이 쓰지만, 이 말이 생겨난 지는 그리 오래되지 않아. 도대체 이 말은 언제 어떻게 생겨났으며, 어떤 의미를 담고 있는 걸까?

 케이팝이란 글자를 뜯어 보면 '케이(K)'는 한국을 뜻하는 영문자 코리아(Korea)의 첫 알파벳을 딴 것이고, 여기에 대중음악을 가리키는 팝(pop)이 붙은 거야. 따라서 케이팝은 '한국적인 어떤 특색을 지닌 대중음악'을 가리키는 말이 되는 거지. 즉 영미권 중심의 세계적인 대중음악의 흐름에 한국인의 감각이나 정서를 결합해 녹여낸 음악인 셈이야.

 이 말은 우리나라보다 해외에서 먼저 쓰기 시작했어. 중국과 일본, 동남아 등 아시아 지역에서는 상당히 일찍부터 케이팝이란 용어를 썼지. 홍콩에 기반을 둔 음악 전문 위성방송 채널 브이(V)에서는 1990년대 후반부터 동아시아 시청자를 대상으로 [케이팝 스테이션]이란 프로그램을 방영하여 우리나라 신세대 가요를 선보였어. 2000년대에는 케이팝이란 용어가 더욱 널리 퍼져 동아시아 각지에서 흔하게 사용하는 말이 되었지. 예컨대 2000년대 중반 한국 가수들이 중국 및 일본에서 개최한 합동 공연을 하면서 '케이팝 올스타 일본 공연' 혹은 '상하이에서 케이팝을 느끼다'와 같은 제목을 단 거야.

여기서 재미있는 점은 중국이나 일본, 동남아 등지에서 광범위하게 사용하던 케이팝이란 말을 정작 우리나라 방송이나 대중음악 전문가들은 거의 쓰지 않았다는 점이야. 인터넷 검색을 하면 우리나라에서 케이팝이란 용어를 처음 쓴 기사는 2004년에야 겨우 등장해. 그 후로도 자주 쓰이지 않다가 2008~2009년 무렵이 되어서야 비로소 활발하게 쓰이게 돼.

이 시기는 월드 스타 비, 보아, 원더걸스와 같은 가수들이 아시아 지역을 넘어 미국이나 유럽 등지에서 조금씩 이름을 알리기 시작한 때야. 결론적으로 말해 케이팝은 우리나라에서 처음 만들어진 게 아니라 해외에서 널리 쓰이던 용어를 거꾸로 우리나라에 역수입하여 사용하기 시작했다는 이야기야.

그렇다면 아시아 지역에서 10년 가까이 케이팝이란 용어가 널리 쓰였음에도 불구하고 정작 우리나라에서는 왜 오랫동안 사용하지 않은 걸까? 그 이유는 케이팝이 일본의 '제이팝(J-pop)'이란 용어를 본뜬 느낌을 풍겼기 때문이야. 제이팝은 과거 일본 대중음악과 달리 서구적인 색채를 짙게 풍기는 새로운 신세대 일본 가요를 일컫는 말인데, 케이팝이라고 하면 마치 제이팝의 아류처럼 보일 우려가 있어 그 말을 꺼린 거지.

케이팝이 태동할 무렵에는 일본 제이팝의 영향을 받은 것도 사실이야. 케이팝 탄생의 밑거름이 된 신세대 댄스 음악이 숱한 표절 시비에 휘말린 것도 그 때문이지. 하지만 신세대 댄스 가요가 제이팝의 영향에서 벗어나 케이팝으로 진화하고 발전하면서 점차 독자적인 색채를 뚜렷이 띠게 되었단다.

세계 각국의 팝 음악

팝은 미국이나 영국 등 영어권 국가를 중심으로 유행하던 대중음악이야. 이것이 전 세계 여러 나라에 영향을 끼쳐 그 나라의 정서와 감성에 맞는 새로운 음악으로 재탄생했어. 세계 각국의 팝은 부르는 이름이 조금씩 다른데 어떤 것이 있는지 알아볼까?

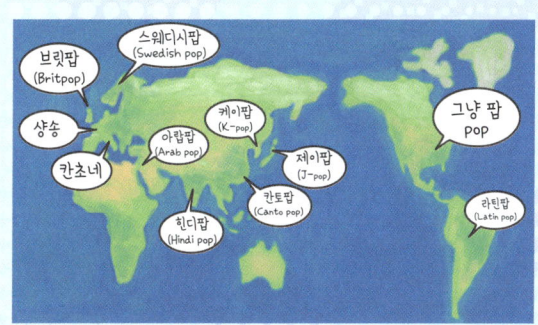

우선 미국의 팝은 힙합, 록이라 부르기도 하고, 영국은 브릿팝(Britpop), 일본은 제이팝(J-pop), 한국은 케이팝(K-pop), 스웨덴은 스웨디시팝(Swedish pop), 프랑스는 샹송(Chanson), 이탈리아는 칸초네(Canzone), 홍콩은 칸토팝(Canto pop), 인도는 힌디팝(Hindi pop), 이집트와 레바논을 중심으로 한 아랍팝(Arab pop) 등이 있지.

이 가운데 지금 현재 한 지역을 넘어 전 세계 음악 소비자들에게 큰 인기를 끌고 있는 것은 한국의 케이팝밖에 없어. 그만큼 케이팝의 위력이 대단하다는 얘기지.

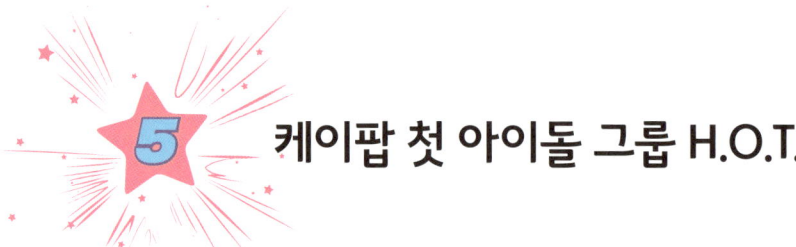
5 케이팝 첫 아이돌 그룹 H.O.T.

한국의 대중가요가 케이팝으로 진화하면서 제이팝의 영향에서 벗어났어. 케이팝 시대에 접어들면서 신세대 댄스 가요 시절보다 훨씬 더 체계적이고 조직화된 시스템을 갖추게 되었지. 이 시스템 속에서 길러 낸 케이팝 가수를 흔히 '아이돌'이라 불러.

따라서 케이팝은 기본적으로 아이돌이 한 축을 이루고, 연예기획사가 또 한 축을 이룬 가운데 생산하고 유통되는 음악이야. 쉽게 말해, 흔히 '엔터테인먼트'라 부르는 연예기획사가 아이돌 가수를 양산해 음악 소비자에게 내놓는 구조인 거야.

그래서 케이팝에 관심이 많은 팬은 아이돌 가수가 처음 데뷔할 때 제일 먼저 확인하는 게 있어. 소속사가 어디인지 알아보는 거야. 'SM인가? YG인가? 아니면 JYP인가?' 궁금해하는 거지. 그 이유는 간단해. 소속사마다 음악의 특성이나 퍼포먼스, 팬들과의 접촉 방식 등이 조금씩 달라. 따라서 케이팝 팬들은 데뷔한 아이돌 가수가 어떤 활동 방식을 취할지 예측하기 위해 소속사에 관심을 가지는 거야. 그만큼 소속사의 영향력이 크다는 얘기지.

이처럼 연예기획사가 대중음악에서 중요한 요소로 떠오른 시기는 1990년대 중반이야. 이전까지는 개개인의 가수와 프로듀서에 의존하는 음악 생산 방식

을 취했어. 하지만 이 시기에 이르러 그런 낡은 방식을 버리고, 가수의 활동 전반을 총괄해서 좀더 체계적으로 관리하고 운영하는 새로운 매니지먼트 시스템을 구축한 거지.

우리나라에서 가장 먼저 이런 시스템을 선보인 곳은 소녀시대, 슈퍼주니어, 동방신기, 에프엑스, 엑소, 보아 등 쟁쟁한 아이돌과 그룹을 길러낸 SM엔터테인먼트야. 1996년, 케이팝의 신호탄이 된 가수로 평가받는 서태지와 아이들이 은퇴를 발표한 뒤 마치 세대 교체를 알리기라도 하듯 5인조 아이돌 밴드가 무대에 첫선을 보였어. SM엔터테인먼트가 내놓은 H.O.T.(한글로 표기하면 '에이치오티'로 불러야 하지만 팬들은 '에쵸티'라고 부른다.)가 바로 그 주인공이야. 우리나라에서 최초로 아이돌 가수로 불린 그룹이지.

본래 H.O.T.는 영어 'High Five of Teenagers'의 줄임말로 '10대들과 하이파이브'라는 뜻이야. 알다시피 하이파이브는 우정이나 승리의 기쁨 등을 나누기 위해 손을 들어 상대의 손바닥을 마주치는 행동을 말해. 10대와 하이파이브 하듯 음악적으로 친밀하게 교감한다는 의미로 'H.O.T.'라는 그룹 명칭을 지은 거지.

이름 그대로 H.O.T.는 10대들의 대변자로 나서면서 10대를 중심으로 한 여성 팬들에게 폭발적인 인기를 얻었어. 특히 1999년 서울 올림픽 주경기장에서 개최한 단독 콘서트는 대중음악계에 적잖은 파장을 일으켰어. 4만 5천여 명에 이르는 엄청난 관객을 동원했을 뿐 아니라 그들이 선보인 가요와 퍼포먼스는 대중음악이 하나의 문화산업으로 엄청난 잠재력을 가지고 있다는 걸 보여 주었지. 이 무렵부터 아이돌 가수들이 보여 주는 일사불란한 멋진 댄스에 '칼군무'라는 말을 쓰기 시작했단다.

'뉴키즈 온 더 블록'과 SM, YG, JYP

이수만은 1970년대 가수 겸 방송인으로 활동하던 사람이야. 그는 1980년대 한국에서의 활동을 중단하고 미국 유학을 갔지. 유학 당시 MTV를 통해 듣는 음악이 아닌 보는 음악에 눈뜨게 되었어. 그 무렵 미국에서는 아이돌 그룹이 등장하여 상당한 인기를 끌고 있었거든.

대표적인 가수가 1986년에 데뷔한 5인조 보이그룹 '뉴키즈 온 더 블록(New Kids On The Block)'이야. 이들은 전 세계적인 인기를 누리며 앨범만 해도 7천만 장 이상이 팔렸으며, 공연 수입으로 수억 달러를 벌어들였지. 대한민국에서도 엄청난 인기를 누렸는데 1992년 내한 공연을 한 적도 있어. 당시 공연에서 소녀 팬들이 한꺼번에 무대 앞으로 몰려들면서 40여 명이 부상을 당하고, 한 명이 사망하는 불행한 사고가 발생하기도 했지.

이수만은 아이돌의 매력과 가능성을 발견하고 귀국한 후 1989년 'SM기획'을 세우고 연예기획 사업에 첫발을 내디뎠어. 그 뒤 1995년 SM기획을 SM엔터테인먼트라고 이름을 바꾸고 연습생을 발굴하여 아이돌 가수로 키우는 새로운 대중음악 시스템을 구축한 거야. 그 첫 작품이 아이돌 그룹 H.O.T.였어.

H.O.T.가 데뷔한 그해 서태지와 아이들의 멤버였던 양현석이 YG엔터테인먼트를 설립하고, 1990년대 인기 가수였던 박진영이 JYP엔터테인먼트를 세우면서 이른바 SM, YG, JYP 이렇게 3대 엔터테인먼트가 만들어졌어. 이들 3대 기획사는 서로 경쟁 관계에 있기도 하지만 케이팝이 세계 시장을 향해 나아가는 동반자이기도 해. 이들은 경쟁과 협력을 통해 케이팝 열풍을 일으키는 데 큰 역할을 했단다.

아이돌 1세대의 등장

'아이돌'이란 말은 영어 'idol'의 한국어 발음이야. 본래 이 단어의 뜻은 우상으로 숭배되는 사람이나 물건 따위를 이르는 말이지. 서구의 문화산업에서는 '아이돌'이란 말이 단독으로 잘 쓰이지는 않아. 대개는 10대들의 우상이란 의미를 담아 '틴 아이돌(teen idol)' 혹은 '틴 팝 아이돌(teen pop idol)'이라 쓰곤 하지.

그 의미도 상당히 넓고 모호해서 10대들에게 인기 있는 가수는 물론이고 영화배우나 스포츠 스타에 이르기까지 모두 '틴 아이돌'이라 부르곤 해. 즉 유명한 인기 스타 가운데서도 특히 10대들 사이에서 우상화될 만큼 압도적 응원과 지지를 받는 몇몇 사람을 틴 아이돌이라 칭하는 거지.

그런데 우리나라에서는 의미가 좀 달라. 아무리 인기가 많아도 영화배우나 탤런트, 스포츠 스타 등은 아이돌이라 부르지 않아. 오로지 케이팝 무대에서 활동하는 그룹의 멤버나 솔로 가수를 가리키는 말로 쓰이고 있어.

게다가 아이돌이라고 해서 모두 인기가 높은 것도 아니야. 정말 인기 있는 아이돌은 손에 꼽을 정도에 불과하고, 이름조차 낯설고 생소한 아이돌이 훨씬 더 많아. 그뿐만 아니라 10대를 중심으로 인기를 얻고 있는 서구의 아이돌과 달리 우리는 폭넓은 연령대에서 인기를 얻고 있어. 10대를 비롯하여 20대, 30대, 40대에도 팬층이 있고, 방탄소년단 같은 경우는 50대에서도 인기가 많단다.

　우리나라에서 아이돌은 이처럼 서구와는 성격이 크게 달라. 아이돌이냐 아니냐를 결정짓는 가장 큰 요소는 흔히 엔터테인먼트라 부르는 기획사야. 어느 특정한 기획사에서 길러 낸 그룹이나 솔로 가수만을 아이돌이라 부르거든. 음악 스타일도 비슷하고 똑같이 젊은 세대에게 인기를 얻고 있다 하더라도 기획사에서 육성한 가수가 아니면 아이돌이라 칭하지 않지.

　예를 들자면, 최고의 인기를 누린 솔로 가수 아이유는 아이돌이라 부르지만, 종종 아이유의 라이벌처럼 여기는 가수 윤하는 그렇게 부르질 않아. 이는 둘이 음악적으로 큰 차이가 있기 때문이 아니야. 가수로 데뷔하고 활동하도록 만든 시스템이 다르기 때문이지.

사실 인기 면에서 따진다면 최초의 아이돌이라 불리는 H.O.T.를 뛰어넘는 가수들이 그 이전에도 많았어. 케이팝의 직계 조상이라 할 수 있는 신세대 댄스 가요 시절만 해도 서태지와 아이들을 비롯하여 듀스, 알이에프, 룰라 등이 엄청난 인기를 누렸고, 그 이전에 소방차와 박남정, 김완선 같은 댄스 가수들이 지금의 아이돌 못지않은 인기를 누렸지.

더 위로 거슬러 올라가도 마찬가지야. 가왕이라 불리는 영원한 오빠 조용필은 노래 첫 소절만 불러도 열성 소녀 팬들의 괴성과 비명 소리가 마치 반주 음악처럼 들어갈 정도로 폭발적인 인기를 얻었어. 더 윗세대로 올라가 트로트 가요계의 유명한 라이벌 관계였던 남진과 나훈아도 전설로 남을 만큼 여성 팬들에게 굉장한 사랑을 받았지.

하지만 이들이 열성 팬을 구름처럼 몰고 다니는 인기 스타였음은 분명하지만 아이돌이라 부를 순 없어. 지금의 아이돌과는 전혀 다른 음악 시스템 속에서 활동했기 때문이야.

그렇다면 아이돌은 어떻게 만들어질까? 엔터테인먼트 회사의 아이돌 육성 시스템은 어느 정도 표준화되어 있어. 먼저 오디션을 통해 연습생을 선발하고, 이들 연습생은 강도 높은 훈련을 받지. 어느 정도 수준에 오르면 회사에서 기획한 그룹 이미지에 맞는 연습생을 몇몇 뽑은 다음, 그들을 한 팀으로 묶어서 춤, 노래, 랩 등 각자의 능력에 맞는 역할을 부여하고 공식적으로 데뷔시키는 거야. 데뷔 이후에도 기획사에서 각종 방송 활동이나 공연 행사를 관리하다가 어느 시점에서 활동 중단을 선언하고 시간이 좀 지나면 새 음반을 들고나와 컴백쇼를 하는 방식이란다.

아이돌 그룹의 전형, H.O.T.

케이팝 아이돌은 솔로보다는 그룹 형태로 활동하는 경우가 대부분이야. 그룹은 대개 4~5명으로 구성하는 게 기본이지. 아이돌 그룹은 몇 가지 전형적인 특징이 있는데 H.O.T.는 아이돌 그룹의 전형을 잘 보여 주고 있어.

H.O.T.는 멤버들의 역할 분담이 잘 이루어져 있어. 노래 실력이 뛰어난 리드보컬 1명(강타)과 이를 보완해 줄 만큼의 가창력을 지닌 서브보컬 2명(토니안, 문희준), 노래에는 거의 참여하지 않는 대신 현란한 춤과 랩을 담당하는 댄서와 래퍼(장우혁, 이재원), 이렇게 다섯 명이 조화를 이루고 있지. H.O.T.가 하나의 모델이 되어 이후 아이돌 그룹은 리드보컬, 서브보컬, 댄서와 래퍼로 각자 역할을 나누는 방식이 기본적 구성으로 자리 잡게 되었어.

모든 멤버에게는 이처럼 각자의 역할이 있지만 모든 멤버가 통일된 몸짓을 보여야 할 때가 있어. 화려한 군무를 선보일 때야. 이때만큼은 보컬이나 댄서를 막론하고 모두가 한 사람인 것처럼 정확히 각이 잡힌 현란한 춤을 추어야 해.

물론 그 이전에도 소방차나 박남정, 서태지와 아이들 등 신세대 댄스 가수들이 무대에서 곡예에 가까운 고난도 춤을 선보인 바 있지만, 아이돌 그룹의 춤은 그들보다 훨씬 더 화려하고 격렬하고 절도가 있는 게 특징이야. 이들의 일사불란한 안무가 마치 칼로 자른 것처럼 한 치의 어긋남이 없다고 해서 흔히 아이돌 그룹의 춤을 '칼군무'라 부르기도 한단다.

7 팬덤 문화 – '클럽 H.O.T.'에서 방탄소년단 '아미'까지

케이팝이 선풍적인 인기를 얻게 된 밑바탕에는 팬이 있어. 아이돌 스타와 팬은 이와 입술처럼 서로 떼래야 뗄 수 없는 공생 관계에 있지. 이 팬들을 묶어서 부르는 명칭으로 요즘은 '팬덤'이란 말을 많이 쓰고 있어. 팬덤은 케이팝 열풍에서 빼놓을 수 없는 중요한 요소인데, 단순히 인기 스타를 좋아하고 따르던 과거의 '팬'과는 조금 구별되는 개념이야.

이것은 열성적으로 좋아하고 따르는 사람을 가리키는 팬(fan)에 '영역, 나라' 등을 뜻하는 단어 '덤(-dom)'이 덧붙어서 생긴 말이야. 대중문화가 발달하면서 새로 생겨난 말인데, 대중적인 인기 스타를 열광적으로 좋아하는 사람들의 무리를 묶어서 팬덤이라고 하지. 이들은 각자 자신이 좋아하는 아이돌 가수를 위해 서로 정보도 교환하고, 응원을 다니기도 하고, 친목을 나누기도 해.

우리나라에서 팬덤이 싹트기 시작한 것은 1980년대야. 그 주인공은 바로 가왕이라 불리는 불후의 스타 조용필이지. 젊은 여성층을 중심으로 팬클럽이 만들어진 건 그가 처음이야. 전성기 때 그가 무대에 서서 노래를 부르면 열광적인 팬들이 질러 대는 함성과 괴성이 음악의 한 부분으로 느껴질 만큼 인기가 대단했어. 우리 대중가요사에서 최초로 '오빠 부대'를 만들어 낸 장본인이지.

하지만 당시의 팬덤은 그저 가수가 좋아서 그를 따르는 수동적인 음악 소비

자에 지나지 않았어. 이를 넘어서 보다 능동적인 존재로 사회에 영향력을 행사하는 팬덤이 생겨난 것은 1990년대 서태지와 아이들이 등장하면서부터야. 그들은 서태지와 아이들의 음악을 좋아하고 즐길 뿐만 아니라 그 속에 담긴 메시지나 가치관을 적극적으로 대변하기 시작했지.

서태지와 아이들이 우리 사회에 팬덤 문화를 뿌리내리게 했다면 '케이팝 팬덤'이라는 독자적인 문화를 정착시킨 것은 H.O.T. 때부터라고 할 수 있어. 당시는 인터넷의 발달로 정보의 공유가 가능해진 덕분에 전국적인 조직화를 꾀할 수 있었지. 이를 바탕으로 한 팬덤은 아이돌 소속사와도 긴밀한 관계를 유지하며 체계적인 시스템을 구축했어. 회비를 내는 유료회원만도 10만 명을 넘길 정도였고, 이런 재정적 바탕 위에서 헌신적인 팬 활동을 전개해 나갔지. 팬클럽을 상징하는 색깔의 옷과 응원 도구를 공동구매하고, 음악 방송이나 공연장에서 분위기를 돋우고, 노래를 부르는 중간중간에 멤버의 이름이나 가사를 따라 외치며 팬클럽의 존재를 부각했단다.

공연장이나 방송, 인터넷 등을 통해 표출된 팬덤은 그 존재감이 점점 커져서 각종 음악 순위와 함께 아이돌 가수의 인기를 나타내는 척도가 되었어. 이렇게 되자 잘 조직화된 팬덤이 케이팝을 구성하는 핵심 요소로 자리 잡게 되었고, 대중음악계에서는 팬덤을 중심으로 마케팅 전략을 새로 짜게 되었지.

현재 아이돌 팬덤 문화는 다양하게 확장되고 있고, 앞으로 더욱 진화하고 발전해 나갈 거야. 특히 유튜브나 페이스북 같은 소셜 미디어의 등장으로 케이팝 팬덤은 아시아를 넘어 북아메리카, 유럽 등으로 세계화되고 있어. 그들의 활동 방식 또한 아이돌 가수에 대한 단순한 지지와 응원을 넘어 기부 행사, 해시태그 운동 등 팬덤이 가진 집단의 힘을 다방면으로 보여 주고 있지. 전 세계적으로 폭풍 인기를 얻고 있는 방탄소년단의 팬클럽 '아미(A.R.M.Y.)'가 좋은 예라고 할 수 있단다.

H.O.T. 팬 VS 젝스키스 팬, 전설의 패싸움

새로운 팬덤 문화가 아이돌 스타에게는 큰 힘이 되지만 이것이 너무 지나치다 보니 불미스러운 사건이 생긴 적도 있어. 1998년 12월 5일 서울 해오름국립극장 앞에서 벌어진 패싸움이 대표적인 예야. [제13회 대한민국 영상음반상 골든디스크 시상식] 입장을 앞두고 당시 인기 절정을 달리며 라이벌 구도를 이룬 H.O.T. 팬클럽 '클럽 H.O.T.'와 젝스키스의 팬클럽 'D.S.F'가 격돌한 거야.

이들은 각각 H.O.T.의 상징색인 흰색과 젝스키스의 상징색인 노란색 우비를 입고 풍선을 든 채 열광적인 응원을 펼쳤어. 그러다 대상을 누가 받을 것이냐를 두고 팬들끼리 다툼이 일었어. H.O.T.의 〈행복〉이 대상이다, 젝스키스의 〈커플〉이 대상이다 하면서 서로 티격태격한 것이지. 이런 말다툼이 점점 커져 각목을 들고 상대를 공격할 만큼 큰 싸움으로 번진 거야.

두 팬들 사이의 물리적 충돌은 당시 저녁 9시 뉴스에도 등장할 만큼 큰 사회적 파장을 불러일으켰어. 이런 충돌에도 불구하고 이날 대상의 영예를 안은 곡은 솔로 가수 김종환의 〈사랑을 위하여〉였어. 다소 허탈하고 어처구니없는 일이었지.

사건은 여기서 멈추지 않고 20일쯤 뒤인 1998년 [KBS 가요대상]에서 또 벌어졌어. 이날도 팬들은 서로 우리 오빠가 대상이라며 경쟁을 벌였지.

결국 H.O.T가 대상을 탔는데 방송이 끝나고 귀가하던 팬들끼리 시비가 붙어 젝스키스 팬 일고여덟 명이 H.O.T. 팬 한 명을 집단 구타하는 사건이 벌어져 또 한 번 파장을 불러일으켰단다.

립싱크, 가수야? 금붕어야?

H.O.T. 데뷔 이후 한국 대중가요계에는 아이돌의 시대가 찾아왔어. H.O.T.와 라이벌 관계를 이룬 젝스키스, 에스이에스(S.E.S.), 핑클, 지오디(g.o.d.) 등 수많은 아이돌 가수가 쏟아져 나왔지.

아이돌 가수들이 관객들에게 큰 인기를 얻은 이유는 뭘까? 그건 뭐니 뭐니 해도 눈길을 사로잡는 화려한 춤과 갖가지 퍼포먼스 때문이었어. 기획사에서 연습생을 뽑아 훈련 시킬 때도 이런 역량을 갖추는 데 초점을 맞추었지. 그러다 보니 한편으로는 노래하는 가창력이 좀 소홀해졌어. 이 때문에 조금씩 논란이 일기 시작했단다.

"아니, 뭐야? 다른 사람의 노래도 아니고 자기 노래를 저렇게 못 불러도 되는 거야?"

일부 관객이나 평론가들 사이에 이처럼 불만 어린 목소리도 새어 나왔지. 그나마 무대에서 노래를 직접 부르는 경우는 양호한 편에 속했어. 당시 1세대 아이돌 그룹이 펼치는 라이브 공연은 거의 모두가 립싱크였어. 립싱크란 실제로 노래를 부르지 않고, 미리 녹음된 오디오에서 흘러나오는 음악에 맞춰 노래를 부르는 척 시늉만 하는 거야. 텔레비전 방송이나 소규모 행사 무대뿐만 아니라 대규모의 라이브 콘서트 무대에서조차도 립싱크로 공연이 이루어졌어.

　그래서 관객들 가운데는 "도대체 저 사람들은 가수야? 금붕어야?" 하고 비아냥거리는 소리가 터져 나왔지. 아예 노골적으로 "무대에 나와서 노래를 해야 가수지, 노래는 안 하고 춤만 추면 그게 댄서지 가수인가?" 하고 불평을 내뱉는 관객도 있었어. 이런 냉소적인 시각 때문에 '붕어 가수'라는 용어도 생겨났어. 무대에서 입만 뻥긋거리는 붕어와 다름없다는 의미지. 관객들의 이런 불평에도 아랑곳없이 한 기획사 대표가 방송에 나와서 '립싱크도 하나의 음악이다.'라는 식의 발언을 해서 비판의 화살이 쏟아지기도 했단다.

이런 문제가 발생한 원인은 기획사에 있어. 아직은 가수 육성 시스템이 완전하지 않았거든. 앞서 신세대 댄스 가수들이 1990년대 초중반 갑작스레 늘어난 대중음악 소비층의 취향을 맞추기 위해 성급하게 노래를 만들다 보니 일본 제이팝의 가요를 표절해서 논란을 빚은 것처럼, 1세대 아이돌 역시 음악을 생산하는 기반 자체는 예전보다 좋아졌지만 이를 소화할 만한 역량이 부족했던 거야. 새롭게 탄생한 기획사에서 아이돌 육성 시스템을 구축한 지가 얼마 되지 않아서 시행착오를 겪은 거지.

아이돌 가수들이 연습생 시절 혹독한 훈련 과정을 거친 뒤 정식 무대에 데뷔했다지만 이들이 받은 훈련은 가창력이 좋은 가수를 만들기 위한 게 아니었어. 관객의 눈길을 사로잡는 춤꾼이나 방송 활동을 잘하는 연예인을 만들기 위한 훈련에 가까웠지. 심지어 당시 기획사에서는 "우리는 가수보다는 엔터테이너를 육성한다."고 공공연히 말할 정도였어. 사정이 이렇다 보니 무대에서 중점을 둔 건 현란한 춤과 퍼포먼스였고, 노래와 음악은 이를 뒷받침하는 배경이 되어 버린 거지.

음악적 바탕이 부족한 가수들의 인기는 오래가기 어려웠고, 이런저런 논란이 겹치면서 1세대 아이돌의 인기는 빠르게 식어 갔어. 2000년대 초반이 되자 해체를 선언하는 아이돌 그룹이 속속 나왔어. 최초의 아이돌이라 불리는 H.O.T.를 비롯하여 그 라이벌로 인기를 누렸던 젝스키스, 에스이에스, 핑클, 지오디 등이 잇달아 해체하거나 활동을 중단했지. 여기에 더하여 아이돌 가수와 소속 기획사 간에 맺은 노예 계약 사건이 알려지면서 사회적으로 큰 파문을 불러일으켰단다.

그룹 '동방신기'와 노예 계약 사건

동방신기는 2004년 공식적으로 데뷔했어. 멤버는 다섯 명인데 이름이 아주 특이해. 유노윤호, 최강창민, 영웅재중, 믹키유천, 시아준수. 처음에는 이름에 대한 비아냥도 많았지만, 일찌감치 해외 진출을 염두에 두고 이런 이름을 지었다고 해.

동방신기는 강력한 팬덤을 등에 업고 큰 인기를 누렸어. 공식적인 회원 수만 80만 명이 넘는 팬클럽 '카시오페아'는 동방신기의 든든한 후원자였지. 이들은 한국에서의 인기를 바탕으로 해외 진출에도 성공했어. '토호신키'라는 일본식 이름으로 활동하며 큰 인기를 얻었지. 일본의 음악 순위 오리콘 차트 1위에도 올랐고, '비기스트'라는 일본 팬클럽이 생길 정도였어.

그런데 정상의 위치에 서 있는 상황에서 동방신기는 둘로 갈라졌어. 2009년 영웅재중, 믹키유천, 시아준수가 소속사인 SM엔터테인먼트를 상대로 소송을 제기했거든. 13년간에 이르는 장기간의 전속 계약이 불공정하니 효력을 정지시켜 달라는 내용이었지. 법원이 이를 받아들여 세 멤버와 소속사는 3년에 걸친 지루한 법정 공방 끝에 전속 계약 종료에 합의하게 되었어. 이 소송에서 쟁점이 된 건 13년의 계약 기간인데, 오랜 시간 동안 소속사에 얽매여 있어야 한다는 사실을 두고 어떤 이들은 '노예 계약'이라 비판하기도 했지.

결국 이 사건으로 멤버 세 명은 소속사와 헤어져 JYJ라는 새로운 그룹을 결성하고, 동방신기는 남은 두 명의 멤버, 유노윤호와 최강창민이 이름을 지키며 활동을 이어 나갔어. 이에 따라 팬덤도 둘로 나뉘고, 두 팀 모두 새 음반을 발표했지만, 인기는 예전에 미치지 못했단다.

케이팝의 서막을 장식한 1세대 아이돌 가수가 저물고, 이를 딛고 일어선
2세대 아이돌 가수들이 케이팝 무대를 장식하기 시작했어.
원더걸스, 보아, 비, 소녀시대, 빅뱅, 슈퍼주니어 등 그 이름을 헤아릴 수 없을 정도야.
이들은 10대에서 20대 초반에 이르는 팬층을 중심으로 인기를 끌던 1세대 아이돌과 달리
30~40대 이상까지도 포괄하는 두터운 팬층을 거느리게 되었어.
그래서 '삼촌 팬' 혹은 '이모 팬'이라는 새로운 말까지 등장했지.
이들은 아시아를 넘어 전 세계에 한류 붐을 일으키며 큰 인기를 끌었는데,
지금부터 한류를 빛낸 케이팝 스타를 한번 알아볼까?

3장
한류를 빛낸 케이팝 스타

# 아시아의 별, 보아

2000년, 새로운 밀레니엄 시대가 열린다고 하여 세상이 떠들썩했어. 이때 한 어린 소녀 가수가 케이팝 무대에 첫선을 보였어. 그 이름은 보아! 〈13세 반〉이라는 타이틀곡을 내걸고 정식으로 데뷔했는데, 13세 반은 당시 보아의 실제 나이였어. 우리나라 나이로 치면 열네 살의 어린 소녀였지.

대중가요계에 처음 등장했을 때 보아의 존재감은 다소 미약했어. 세상의 이목을 끄는 데는 성공했지만 큰 인기를 누리지는 못했거든. 보아는 좌절하지 않았어. 국내 반응이 신통치 않자 한국보다 더 큰 시장인 일본 쪽으로 눈길을 돌렸지.

이듬해 일본에서 가수 데뷔를 하고, 2002년 일본 시장에 첫 앨범 『리슨 투 마이 하트(Listen to my heart)』를 내놓았어.

재능과 끼가 넘치는 어린 가수의 등장에 일본 가요계는 흥분했어. 아직 앳된 티가 가시지 않은 풋풋한 소녀가 긴 생머리를 휘날리며 격렬한 춤과 함께 역동적인 퍼포먼스를 선보이자 열광적인 환호를 보냈어. 어린 나이에도 불구하고 뛰어난 가창력과 춤 솜씨, 무대를 장악하는 카리스마에 매력을 느낀 거지. 여기에 힘입어 보아의 앨범은 100만 장에 가까운 판매고를 올리며, 그해 오리콘 차트 1위를 단숨에 차지하는 기염을 토했어. 일본 무대에서 확실한 성공을 거둔 거지.

　일본에서의 성공은 한국으로까지 이어졌어. 2집 앨범인 『넘버 원(No.1)』을 발표하면서 우리나라에서도 주목을 받아 케이팝 인기 가수의 대열에 합류했지. 하지만 보아는 한국 무대에만 머물지 않고, 애초 열광적 반응을 보인 일본을 주요 무대로 삼아 가수 활동을 이어 나갔어. 일본에서 보아의 존재감은 시간이 갈수록 높아졌지.

　당시 보아가 일본에서 세운 기록은 아주 놀라운 것이었어. 일본에서 발표한 앨범이 여덟 장 연속으로 오리콘 차트 1위를 차지했고, 일본에서 발매한 앨범

이 1천만 장 판매를 돌파했고, TV 가요 부문에서 최고의 인기 가수만 초대하는 [홍백가합전]에 외국인 가수로는 최연소로 6년 연속 출연하는 기록을 세웠지. 이런 성과를 바탕으로 2004년에 열린 MTV [아시아 어워즈]에서는 '아시아에서 가장 영향력 있는 아티스트 상'을 수상하는 영광을 안았어. '아시아의 별'이란 호칭을 얻은 것도 이런 까닭이지.

> **MTV와 [아시아 어워즈]**
>
> MTV는 1981년 처음 문을 연 미국의 음악 전문 케이블 TV 채널이야. 음악에 관심 있는 팬들에게는 아주 유명하지. [아시아 어워즈]는 이 채널에서 아시아 지역의 인기 높은 대중예술인에게 상을 주는 프로그램이란다.

이뿐만이 아니야. 팝의 본고장인 미국의 빌보드 메인 차트에 처음 이름을 올린 케이팝 스타 역시 보아였어. 그녀는 '빌보드 200' 차트에 127위에 오르는 성과를 거두었어. 127이란 숫자가 좀 미미해 보이지만 케이팝 가수로서는 처음 올랐다는 게 더 중요해. 본격적인 한류의 시작은 보아에서 시작되었다고 할 만해.

당시 아시아 음악의 중심 역할을 하던 일본 무대에서 성공하고, 미국 음악 시장으로의 진출을 꾀했다는 건 케이팝 역사에서 큰 의미가 있어. 훗날 일본을 비롯한 아시아 시장, 그것을 뛰어넘어 미국, 유럽 등 전 세계 음악 시장에 도전장을 내민 후배 아이돌 가수들에게 보아의 활동은 좋은 본보기가 되었지. 훗날 싸이의 〈강남 스타일〉이나 방탄소년단의 음악이 빌보드 차트에서 최고의 순위를 차지하게 된 것도 이런 성과가 밑바탕이 된 거란다.

세계 팝 음악의 인기 기준, 빌보드 차트

왼쪽(2011년 11월 발행)은 저스틴 비버가, 오른쪽(2018년 2월 발행)은 BTS가 빌보드 잡지의 표지에 등장한 모습이다.

아무리 음악에 관심이 없어도 '빌보드 차트'라는 말은 들어 봤을 거야. 그만큼 대중음악계에서는 권위가 높아. 본래 『빌보드』는 1894년 미국에서 창간한 음악 잡지야. 100년이 넘었으니 아주 역사가 오래되었지. 그런 만큼 음악 잡지의 바이블이라 해도 과언이 아니야. 세계 각 나라의 음악적 흐름을 알려 주는 지표가 되지.

빌보드 차트는 이 회사에서 1950년대부터 대중음악에 인기 순위를 매기는 일종의 성적표 같은 거야. 약 70여 가지에 이르는 음악 장르의 순위를 매주 집계해 발표하지. 이 가운데 대중의 관심을 가장 크게 모으는 것은 모든 싱글 곡을 대상으로 하는 '핫 100'과 앨범을 대상으로 하는 '빌보드 200' 차트야. 이 순위 안에 오르기만 해도 영광이고, 상위권에 이름을 올리면 그것이 곧 세계적인 명성을 얻은 증거이지.

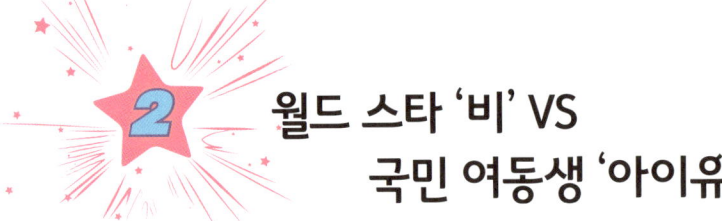
2. 월드 스타 '비' VS 국민 여동생 '아이유'

아이돌 그룹 '팬클럽'과 가수 '비.' 웬만한 대중음악 마니아가 아니면 팬클럽이란 아이돌 그룹이 있었다는 걸 아는 사람은 거의 없어. 반대로 월드 스타 비를 모르는 사람 또한 거의 없지. 그렇다면 둘 사이에는 어떤 관계가 있을까?

가수 비가 처음 가요계에 데뷔할 때는 아이돌 그룹 팬클럽의 한 멤버였어. 그의 시작은 화려하지도 않았고 크게 주목받지도 못했어. 이 아이돌 그룹은 거의 존재감을 드러내지 못한 채 자연스레 묻혀 버렸거든.

이후 비 혼자만 솔로 가수로 새로 데뷔하여 활동을 시작했어. 이때부터 사정이 달라졌지. 데뷔곡은 〈나쁜 남자〉였지만 노래보다는 각종 예능이나 연기자로 방송 활동을 하면서 더 많은 인기를 얻었어.

가수로서 비의 존재감이 드러난 것은 2집 앨범의 타이틀곡 〈태양을 피하는 방법〉을 발표하면서부터야. 비는 이 곡을 선보이면서 뛰어난 가창력과 놀라운 무대 장악력을 보여 주었어. 남다른 예능 감각을 지닌 그는 연기도 수준급이어서 〈상두야 학교 가자〉〈풀 하우스〉의 주인공으로 출연하여 인기를 얻었어. 이런 인기는 한류 스타로 동남아나 미국 등 세계로 진출하는 발판이 되었지.

이후 가수 비는 눈부신 활동을 이어 나갔어. 2004년 3집 앨범 『잇츠 레이닝(It's raining)』을 시작으로 4집 앨범 『레인스 월드(Rain's world)』, 5집 앨범 『레이니

즘(Rainism)』을 잇달아 발표하면서 가수로서의 위상을 높였지. 가수 활동뿐 아니라 연기자로서도 두각을 드러내 미국 영화의 중심인 할리우드에도 진출했어. 〈스피드 레이서〉와 〈닌자 어쌔신〉 같은 할리우드 영화의 주인공을 맡아 세계적인 '월드 스타'로 우뚝 선 것이지.

한국의 가수 중 '월드 스타'라는 말을 들은 건 비가 처음일 거야. 이처럼 가수 비는 예능인으로 타고난 끼를 발휘해 노래와 연기라는 두 분야에서 한류의 흐름을 이끌어 갔단다.

비가 월드 스타로 명성을 떨치던 2008년 아직 어린 중학생 신분이던 아이유가 가수로 데뷔했어. 아이유(IU)라는 이름은 영어 단어 'I'와 'You'를 합친 말로 '너와 내가 음악으로 하나가 된다.'라는 의미를 담고 있대.

비록 어린 나이였지만 직접 곡을 쓰고 노래를 부르는 싱어송라이터로 실력이 뛰어났지. 2010년 발표한 〈좋은 날〉이 인기를 끌면서 가요계와 팬덤, 음악 평론가에게 골고루 좋은 평가를 받았어. 청순한 외모와 귀엽고 여린 이미지 때문에 수많은 삼촌, 이모 팬을 거느리며 '국민 여동생'이란 별칭도 얻었지.

가수로서 아이유의 위치는 다소 특이해. 케이팝은 걸그룹이나 꽃미남 아이돌 그룹이 대세를 이루고 있어. 하지만 아이유는 솔로 가수로 활동하면서 10~20대의 젊은 세대뿐 아니라 중년 세대에 이르기까지 폭넓은 인기를 누리고 있거든. 이런 인기는 객관적인 자료로도 증명이 돼.

한국 갤럽이 매년 실시하는 대중가요 분야의 여론조사에서 아이유는 2017년 올해의 가수 1위, 개인 아이돌 선호도 1위에 올랐을 뿐만 아니라 올해의 가요 2위(〈밤 편지〉)와 3위(〈가을 아침〉)의 자리를 동시에 차지했지.

국내를 넘어서 세계 시장에서도 아이유의 인기는 증명이 돼. 미국의 빌보드가 선정한 '케이팝 최고의 앨범 10'을 보면 2014년 4위를 시작으로 2015년 6위, 2017년에는 1위의 자리에 올랐어.

이런 인기의 요인은 아이유가 지닌 타고난 음악적 감성과 놀라운 가창력, 작사·작곡 능력 등 다양한 재능과 끼를 보여 주고 있기 때문일 거야. 그녀의 눈부신 활약은 케이팝이 세계인에게 사랑을 받는 데 톡톡히 한몫하고 있단다.

케이팝을 이끈 걸그룹 전성시대

케이팝이 세계적인 열풍을 몰고 온 데는 걸그룹의 역할이 큰 몫을 했어. 이전까지 케이팝 아이돌은 H.O.T.를 비롯한 젝스키스, 지오디, 동방신기 등 보이그룹이 주류를 이루었어. 하지만 2007년 원더걸스가 등장하면서 걸그룹이 케이팝 여성 아이돌의 대세로 자리 잡았지.

원더걸스가 내놓은 첫 앨범의 타이틀곡 〈텔 미(Tell me)〉는 그야말로 폭발적인 반응을 얻었어. 서태지와 아이들의 〈난 알아요〉 이후 수많은 노래가 인기를 얻었지만 원더걸스의 〈텔 미〉만큼 선풍적인 인기를 끈 노래는 없었지. "텔~미 텔~미 테테테테~ 텔~미" 하고 반복되는 중독성 있는 후렴구가 아주 인상적이야. 이처럼 중독성 있는 후렴구가 반복되는 노래를 '훅 송(Hook Song)'이라고 해. 〈텔 미〉는 대표적인 훅 송으로 청중들은 이를 따라 하면서 흥겨움을 느끼게 되지. 이 노래가 인기를 끌자 이후 많은 훅 송이 대중가요계에 선보였단다.

〈텔 미〉는 노래와 더불어 춤 또한 엄청난 반응을 얻었어. 인터넷의 발달로 UCC(사용자가 직접 제작한 콘텐츠라는 뜻, 영어로 User Created Contents의 준말.)라는 새로운 문화가 더해지면서 나이와 성별, 직업을 가리지 않고 대중들이 그 춤을 따라 추면서 자신들만의 재미난 동영상을 만드는 게 유행을 탔어. 그래서 '경찰 텔 미' '군인 텔 미' '고3 텔 미', 심지어 '스님 텔 미'까지 나와 '텔 미 신드롬'을 불러일으켰지.

원더걸스는 이 곡으로 10~20대의 젊은이들뿐 아니라 30~40대의 청중들에게도 인기를 얻어 '삼촌 팬'이라는 말을 처음 만들어 내기도 했단다.

원더걸스는 본격적으로 여성 아이돌 그룹과 훅 송 시대의 막을 열었다는 평가를 받을 정도로 대중가요계에 큰 영향을 미쳤어. 원더걸스 이후 카라, 소녀시대, 티아라, 시크릿, 에프터스쿨, 포미닛, 투애니원, 씨스타, 미쓰에이, 에이핑크, 걸스데이, 레드벨벳, 블랙핑크 등 수많은 여성 아이돌 그룹이 무대에 나와 케이팝 음악을 풍성하게 가꾸었단다.

원더걸스는 인기 절정을 달리던 시기에 미국 진출을 시도했어. 대개 해외 진출을 할 때는 중국, 일본 등 아시아 음악 시장을 거쳐 미국으로 가는 게 보통이야. 하지만 원더걸스는 이 과정을 생략하고 곧장 미국행을 택했지. 미국 진출 첫해에 〈노바디(Nobody)〉로 빌보드 싱글 차트 '핫 100'에서 76위를 차지하며 이목을 끌었어. 하지만 미국 시장은 그리 만만하지 않았지. 원더걸스는 더 이상의 성과를 거두지 못한 채 거기에 만족해야 했어. 그래도 케이팝의 불모지에 가까웠던 넓은 미국 시장에 맨몸으로 뛰어든 일 자체만으로도 의미 있는 도전이었어.

원더걸스가 자리를 비운 사이 국내 가요계를 장악한 것은 소녀시대야. 멤버는 리더인 태연을 중심으로 제시카, 써니, 효연, 티파니, 유리, 수영, 윤아, 서현 등 아홉 명이나 돼. 소녀시대란 이름은 '소녀들이 가요계를 평정할 시대가 왔다.'는 의미라고 해.

이름처럼 그녀들은 가요계에 우뚝 섰어. 원더걸스와 같은 해 데뷔하여 라이벌 구도를 이루었지만 그들의 그늘에 조금 가려져 있었지. 그러다 원더걸스가 미국으로 떠난 2009년 〈지(Gee)〉라는 노래가 폭발적인 인기를 얻으면서

최고의 걸그룹으로 자리매김했어. 정상의 자리에 오른 뒤에는 소녀시대의 모든 발표곡마다 화제를 모았지. 〈소원을 말해 봐〉 〈Oh!〉 등이 잇달아 좋은 성과를 거두었단다.

소녀시대는 국내 활동 못지않게 해외 활동에도 아주 적극적이었어. 2010년 일본 첫 공연에는 2만 명이 넘는 팬들이 몰려들었고, 중국, 대만을 비롯한 아시아 전역에서도 큰 인기를 얻었지. 또 소속사인 SM엔터테인먼트의 한 구성원으로 미국과 유럽의 콘서트 무대에 서기도 했단다.

아이돌 걸그룹은 대개 예쁘고 귀엽고 사랑스러운 이미지를 가지고 있어. 하지만 이런 통념을 깨고 등장한 걸그룹이 있지. 바로 투애니원이야. 처음에는 영문 '투애니원(To Anyone)'이란 이름으로 활동하려 했지만 같은 이름의 가수가 있는 까닭에 숫자와 영문 이니셜을 섞어 '투애니원(2NE1)'으로 바꿨다고 해. 바뀐 이름이 훨씬 감각적이고 신비감을 불러일으키지.

투애니원은 이름만큼이나 독특하고 개성이 넘치는 걸그룹이야. 보통의 걸그룹이 다양한 미모를 무기 삼아 대중의 마음을 파고든다면 이들은 멤버 각자의

개성과 매력을 뽐내는 방법으로 대중의 마음을 사로잡았어.

그런 만큼 멤버들의 이력도 아주 흥미로워. 맏언니 격인 산다라박은 교포 출신으로 필리핀에서 꽤나 명성 있는 연기자 겸 모델이었지만 YG엔터테인먼트의 연습생으로 들어가 그룹에 합류했지. 공민지는 한 팬이 그녀의 댄스대회 동영상을 YG 홈페이지에 올려놓은 일이 계기가 되어 뽑혔는데 뒤늦게 전설적인 춤꾼 공옥진 여사의 조카손녀라는 사실이 알려져 화제가 되기도 했단다.

투애니원은 많은 인기곡을 내놓았지만, 대표곡 하나만 꼽으라면 〈내가 제일 잘 나가〉라는 노래야. 이 노랫말처럼 투애니원은 성공가도를 달렸어. 국내의 음원 차트와 일본의 오리콘 차트 1위를 차지했을 뿐 아니라 미국의 음원 차트에서도 좋은 성과를 거두었어. 미국의 유명한 음악 전문 케이블 방송인 MTV에서 최고의 신예 밴드로 선정되어 뉴욕의 타임스퀘어에서 공연하기도 했지. 투애니원의 뮤직비디오는 한국보다 외국인이 더 많이 보고, 유럽이나 남미 등에도 팬이 많은 것으로 알려져 있단다.

4 꽃미남, 짐승돌

남성 아이돌 그룹은 걸그룹과 함께 세계적인 케이팝 열풍을 이끈 양대 산맥이야. 샤이니, 동방신기, 슈퍼주니어, 투피엠, 빅뱅 등이 해외에서 인기몰이를 했지. 이들은 한국뿐 아니라 해외 여러 나라에 수많은 소녀 팬을 거느리고 있는데 과연 어떤 매력이 청중들의 마음을 사로잡는 걸까?

전 세계적으로 케이팝의 열기가 고조되어 가던 2011년에 모 방송사에서 재미있는 프로그램을 기획했어. [케이팝 로드쇼]라는 이름의 이 프로그램은 전 세계의 케이팝 마니아들을 대상으로 '커버댄스 경연대회'를 열어 실력을 겨루고 최종 우승자를 뽑는 거였지. 커버댄스란 가수들의 안무, 표정, 의상 등을 거의 똑같이 따라 하는 춤을 일컫는 말이야.

여기에 총 65개국 1천 700여 팀이 참가했는데 첫 번째 예선 지역이 러시아였어. 이 지역에서 케이팝에 대한 인기를 시험하기 위해 모스크바의 붉은 광장에서 이벤트를 계획했어. 깜짝 플래시몹을 찍는 거였지. 플래시몹이란 일정한 시간과 장소에 사람들이 모여 퍼포먼스를 벌이는 걸 말해.

그룹 샤이니의 노래 〈링딩동〉이 광장에 울려퍼졌어. '링딩동 링딩동 링디기

디기링딩동~~' 그러자 마치 약속이라도 한 듯 200여 명의 젊은이들이 광장 한가운데로 모여들어 음악에 맞춰 플래시몹을 완성시켰어. 전 세계적인 케이팝의 열기를 실감할 수 있는 장면이었지. 샤이니(SHINee)라는 이름은 '빛을 받는 사람'의 뜻을 지니고 있는데 이름 그대로 케이팝을 세계에 빛냈어. 멤버들의 외모가 모두 곱상해 꽃미남이라 불리며 팬들의 사랑을 듬뿍 받았단다.

빅뱅은 리더인 '지드래곤'을 비롯하여 탑, 태양, 대성, 승리, 이렇게 5인조 아이돌 그룹으로 가요계에 데뷔했어. 우주의 대폭발을 뜻하는 그룹 명칭에는 가요계에 폭발적인 파장을 불러일으키겠다는 의지가 담겨 있지.

빅뱅의 노래 가운데 그룹 이름처럼 가장 폭발적인 팬들의 반응을 불러일으킨 곡은 〈거짓말〉이야. 당시까지 존재감이 크지 않았던 그룹 빅뱅을 일약 스타로 만들어 준 곡이지. 사랑하는 여자친구를 위해 대신 누명을 쓰고 감옥에 갇히게 되는 애절한 이야기를 그리고 있어. 알앤비 발라드와 힙합 음악이 섞인 댄스곡으로 서정적인 멜로디가 듣는 사람의 마음을 잡아끌지. 잔잔하게 깔리는 피아노 선율과 슬픈 가사가 잘 혼합되어 신나면서도 슬픈 느낌을 주는 노래야. 리더인 지드래곤이 직접 작사·작곡했다는 사실이 알려지며 그의 천재적인 음악 재능에 다들 찬사를 보냈지.

이 곡을 발표한 이후로 크게 상승세를 타기 시작한 빅뱅은 〈마지막 인사〉 〈하루하루〉 〈붉은 노을〉 등 연달아 히트곡을 터뜨리면서 남성

아이돌 그룹의 대표 주자로 우뚝 서게 되었어. 뛰어난 실력파 아이돌 그룹으로 인정받아 세계 무대를 누볐지. 2012년 발표한 앨범 『얼라이브』는 한국어 앨범으로 미국 빌보드 메인 차트인 '빌보드 200'에 150위를 기록하는 쾌거를 이루었어. 이전에 한류 스타 보아가 영어로 미국에서 발표한 앨범 『보아(BoA)』로 '빌보드 200'에서 127위까지 차지한 적은 있지만, 한국어 음반으로 빌보드 메인 앨범 차트에 진입한 것은 빅뱅이 처음이었단다.

빅뱅과 함께 동시대 최고의 남성 아이돌 그룹으로 활동한 것은 투피엠이야. 3대 연예기획사 중 하나인 JYP엔터테인먼트가 과거 명성을 떨친 그룹 지오디의 뒤를 잇겠다며 야심 차게 내놓은 그룹이지.

투피엠은 다른 아이돌 그룹과는 구별되는 특징을 가지고 있어. 그들은 오랜 연습생 기간에 갈고닦은 실력을 바탕으로 묘기에 가깝도록 놀라운 춤 솜씨를 선보였어. 청중들은 여기에 열광했지.

이때부터 '아크로바틱(곡예)'이 투피엠을 상징하는 낱말로 등장했어. 다른 아이돌 그룹이 꽃미남 캐릭터로 인기를 끈 것과 대조적으로 투피엠은 아크로바틱 같은 고난이도 안무와 함께 무대 위에서 거칠고 남성적인 매력을 뽐낸 까닭에 '짐승돌'이라는 새로운 신조어가 유행하기도 했지.

이후로도 인피니트, 투에이엠, 엠블랙, 제국의 아이들, 틴탑, 씨엔블루, FT 아일랜드, 엑소 등 더 많은 실력파 아이돌 가수들이 등장해 세계 무대를 향한 케이팝의 도전을 이어갔단다.

세계를 춤추게 한 싸이의 〈강남 스타일〉

케이팝 열풍은 남녀 아이돌 그룹이 중심이 되었어. 이들은 세계 무대에 진출하여 좋은 반응을 얻었으나 세계의 음악 시장은 벽이 높았어. 부분적으로 반짝 인기를 얻기도 했지만 더 넓게 뻗어 나가지 못한 채 다소 정체기를 맞기도 했지.

그런데 2012년 예상치 못한 일이 일어났어. 솔로 가수인 싸이(PSY)가 데뷔 12년째를 맞아 〈강남 스타일〉이란 노래를 발표했어. 본래 국내 시장을 겨냥해 내놓은 곡이었지만 뜻밖에도 전 세계인으로부터 엄청난 반응을 불러일으켰어. 〈강남 스타일〉 열풍이라 할 만큼 그 인기는 상상을 초월했지.

경쾌하고 신나는 전자음에 맞춘 한국어 랩과 노래, 말춤이라고 부르는 재미있고 독특한 댄스, 무대를 장악하는 싸이의 개성 넘치는 퍼포먼스에 전 세계는 폭발적으로 반응했어. 음반 발매와 함께 이루어진 뮤직비디오 조회 수는 3개월 만에 5억 회, 5개월 만에 10억 회를 넘어섰어.

2018년 8월 기준으로 보면 유튜브에서 32억 건의 조회 수를 넘겼는데, 이 기록은 아시아 가수로는 최초이자 역대 유튜브 조회 수에서도 1위야.

또 약 845만 건의 '좋아요' 추천을 받아 '좋아요 추천' 분야에서 기네스 세계 기록에 올라 있지. 이런 인기를 반영하듯 싸이의 말춤을 패러디한 영상도 곳곳에 넘쳐 났단다.

〈강남 스타일〉의 인기는 유튜브 밖에서도 일어났어. 그해 9월 미국 록펠러 광장에서 NBC의 [투데이 쇼]를 생방송으로 진행하던 중에 한 동양인 남자 가수가 불쑥 등장했어.

녹색 턱시도에 선글라스를 낀 이 남자는 다름 아닌 싸이였어. 독특하고 개성 있는 외모에 우스꽝스러운 말춤을 추며 노래를 부르자 관객들은 모두 흥겨워하며 열광적인 환호를 보냈지.

싸이가 프랑스 파리를 방문했을 때도 다르지 않았어. 유명한 에펠탑 앞에서 그를 보기 위해 무려 2만여 명의 유럽 젊은이들이 몰려들었지. 이날의 행사는 프랑스 라디오 음악 채널 NRJ가 기획한 싸이의 〈강남 스타일〉 플래시몹이었어. 프랑스 주최 측에서는 미국에 있던 싸이를 데려오기 위해 전용기를 보냈을 정도야. 결국 싸이와 함께 광장을 가득 채운 2만여 명의 군중은 음악에 맞춰 일제히 말춤을 추며 플래시몹을 완성시켰단다.

〈강남 스타일〉을 처음 발표할 때만 해도 이런 반응을 얻으리라곤 싸이 자신은 물론이고 누구도 예상하지 못했어. 이 노래의 인기 비결은 흥겨운 가락뿐 아니라 굉장히 익살맞고 좀 엽기적인 말춤에 있지.

이 말춤은 완전히 새로 만들어진 게 아니라고 해. 과거 나이트클럽 같은 무도회장에서 말춤이 유행한 적이 있는데 이걸 노래에 맞도록 재미있게 각색하여 〈강남 스타일〉의 말춤을 완성한 거란다. 당시 이 춤은 너무 유명해서 걸음을 막 뗀 아기들도 말춤을 흉내 낼 정도였지.

이런 놀라운 인기에 힘입어 그동안 케이팝이 이룩한 모든 기록을 〈강남 스타일〉이 한꺼번에 갈아치웠어. 다른 나라 음악에 후한 점수를 잘 주지 않는 영국 UK 음악 차트에서 1위를 차지한 것을 시작으로 33개 국가 및 지역의 공식

음악 차트에서 1위에 올랐어. 가장 큰 성과는 지구촌 모든 대중음악인이 꿈꾸는 미국 빌보드 차트에 진입한 거야. 싱글 차트인 '핫 100'에서 첫 주

　에 64위를 차지하고, 둘째 주에 11위, 그 후 7주 연속으로 2위를 차지하는 대단한 기록을 세웠어. 이는 한국 가수 역사상 최고 순위이며, 아시아권에서는 두 번째의 대기록이었지.

　다만, 우리 국민을 안타깝게 한 것은 7주 연속 2위에 오르면서 단 한 번도 정상인 1위를 기록하지 못한 일이야. 그 영광은 뒷날 방탄소년단에게 미루게 되었단다.

싸이는 문제아였을까?

싸이의 본명은 박재상. 그는 여느 아이돌 가수와는 다른 특별한 이력이 있어. 대개의 아이돌은 10대 시절에 연습생으로 연예기획사에 들어가 오랜 시간 혹독한 훈련을 거치고 실력을 쌓은 다음 무대에 나오는 게 일반적이야. 싸이는 이와는 완전 딴판이야.

처음에 그는 아버지의 사업을 이어받기 위해 미국의 명문 보스턴대학교의 국제경영학과에 입학했어. 미국에 도착한 그는 공부에 흥미를 잃고, 부모님 몰래 학교를 중퇴하여 버클리 음악대학에 새로 입학했지. 남은 학비로 악기와 장비를 사서 본격적인 음악 공부를 시작했대. 하지만 그는 이 대학을 졸업 때까지 다니지 않고 중퇴한 채 가수의 꿈을 이루기 위해 한국에 귀국했어.

결국 그는 2001년 싸이라는 이름으로 공식 앨범을 내면서 정식 가수로 데뷔했어. 음악에 대한 열정과 그만의 독특한 개성을 마음껏 발휘하여 만든 〈새〉 〈끝〉 〈챔피언〉 같은 노래가 대중에게 호응을 얻었지. 이후 여러 가지 우여곡절을 겪다가 마침내 〈강남 스타일〉로 세계적인 가수로 우뚝 서게 되었단다.

6 케이팝 인기가 높을수록 짝퉁이 많다?

 명품은 세상 사람들이 대부분 가지고 싶어 하는 물건이야. 품질이 뛰어나고 고급스럽기 때문에 극히 적은 사람들만이 소유해. 가방, 시계, 자동차 등 주로 사치품에 명품 브랜드가 많지.

 알다시피 명품 제품은 값이 매우 비싸. 가지고 싶은 욕망이 있다고 아무나 가질 수는 없어. 그래서 나온 게 거의 유사하게 만든 가짜 상품이야. 흔히 짝퉁이라 부르곤 해. 짝퉁이 비록 가짜이긴 하지만 명품을 소유하고 싶은 욕망을 값싸게 해결할 수는 있지.

 대중가요계에서도 이와 비슷한 현상이 생기곤 해. 대중의 인기가 절정에 달한 대스타가 나오면 그를 그대로 본뜬 짝퉁이 나오곤 하거든. 외모는 물론이고 목소리, 노래, 몸짓 등을 거의 똑같이 따라 하기 때문에 실제 가수와 헷갈릴 정도야. 예를 들면, 조용필을 본뜬 주용필, 나훈아를 본뜬 너훈아, 송대관을 본뜬 송대광, 마이클 잭슨을 본뜬 믹클쨱슨 등이 대표적이지. 이런 사람을 이미테이션 가수라 부르기도 해.

 그런데 케이팝의 인기가 높아지자 이와 비슷한 현상이 일어났어. 중국, 대만, 태국, 베트남, 캄보디아 등 아시아 각국을 비롯해 유럽 지역에서도 케이팝 아이돌 가수의 노래와 춤, 의상 따위를 그대로 본뜬 그룹이 등장했어. 공식적

으로 잘 알려진 것만도 수두룩해.

예컨대 대만의 걸그룹 '슈퍼 7'과 중국의 '아이돌 걸스'는 소녀시대를 상당히 본떴어. 이들은 춤이나 의상, 무대 연출 등 여러 가지를 많이 따라 했어. '아이돌 걸스'는 아예 멤버 수도 소녀시대와 똑같이 아홉 명이고, 각자의 캐릭터까지 모방해서 '짝퉁 소녀시대'라 불리기도 했지.

심지어 이름까지 비슷하게 만든 팀도 있어. 슈퍼주니어와 어감이 비슷한 중국의 '슈퍼보이', 빅뱅을 떠올리게 하는 중국의 'OK뱅'이 그런 경우야. 캄보디아의 그룹 '링딩동'은 샤이니의 노래 제목 〈링딩동〉을 그룹 이름으로 삼았고, 노래까지 표절해 논란이 되기도 했어. 톱스타라면 대개 한두 개의 짝퉁 팀을 가진다는 말이 나돌기도 했단다.

　케이팝이 세계화된다는 의미는 단지 전 세계 팬들에게 인기가 많아지는 일에 그치지 않아. 그것이 몰고 올 경제적 파급 효과 또한 굉장히 크거든.

　싸이의 경우 2012년 〈강남 스타일〉을 발표한 후 3개월 동안 벌어들인 음원 판매 수입과 광고 수입, 공연 수입을 합치면 130억 원에 이른다고 해. 하지만 이건 단순히 눈에 보이는 수익일 뿐이야. 싸이가 소속된 기획사의 주가가 올라가고, 싸이를 모델로 삼은 기업의 매출도 증가하고, 싸이의 인기 덕분에 해외에서 한국 식당이나 점포를 찾는 손님이 늘어나는 등 갖가지 경제 효과를 합치면 1조 원 이상의 가치가 있다는 분석도 있지.

　싸이 하나만 해도 이럴진대 케이팝 전체의 파급력을 생각하면 쉽게 계산이 안 될 만큼 경제적 효과가 엄청날 거야. 케이팝 한류 열풍은 아시아 지역을 넘어서 전 세계인에게 한국에 대한 관심을 불러일으켰고, 이는 한국에 대한 국가 이미지를 크게 높였어. 그 결과 수출에도 좋은 영향을 끼치고, 한국을 찾는 관광객도 늘어나게 되는 거지. 케이팝 스타들의 눈부신 활약은 케이팝의 인기를 올릴 뿐만 아니라 우리나라 경제 분야에도 좋은 영향을 끼치고 있단다.

7 눈과 귀가 즐거운 케이팝의 매력

예전에는 한국 가수가 세계 무대에 선다는 건 상상도 할 수 없었어. 요즘에는 전 세계적으로 케이팝의 팬덤이 두터워 높은 인기를 실감하고 있지. 세계 음악 시장에서 케이팝이 통하는 이유는 과연 무엇일까?

음악적인 면에서 볼 때 케이팝의 가장 큰 특징으로 '훅 송'이 있어. 본래 훅 송은 하나의 작곡 기법으로 록 음악, 힙합, 댄스 음악 등에 주로 사용되었어. 갈고리 또는 음표를 뜻하는 '훅(hook)'과 노래인 '송(song)'이 합쳐진 신조어지. 이는 노랫말이 갈고리처럼 사람의 마음을 훅 낚아챈다는 의미로 이해하면 될 거야. 단순한 멜로디에 짧은 후렴구의 가사가 자주 반복되는 노래를 훅 송이라고 해. 누구나 쉽게 멜로디를 따라 할 수 있고, 쉽게 가사를 기억할 수 있기 때문에 한 번 들으면 자기도 모르게 흥얼흥얼 부르게 되는 중독성 강한 음악이지.

앞에서 얘기한 원더걸스의 〈텔 미〉나 슈퍼주니어의

〈쏘리쏘리〉, 소녀시대의 〈지〉 같은 노래가 대표적이야. "텔 미, 텔 미, 테테테 테테 텔 미~", "쏘리, 쏘리, 쏘리~", "지지지지 베이비 베이비~" 하는 쉬운 노랫말이 여러 번 반복되면서 흥겨움을 불러일으키고, 듣는 사람은 자신도 모르게 뇌리에 깊이 박혀 흥얼흥얼 따라 하는 거지. 이런 묘한 매력을 잘 활용해 노래를 만들기 때문에 케이팝의 특성을 훅 송이라 정의하는 평론가도 있단다.

케이팝의 성공 비결은 음악적인 요소 외에 시각적인 요소도 있어. 다시 말해, '보는 음악'으로서 기예에 가까운 댄스를 선보인다는 거지. 춤은 몸짓이고 세계 만국의 공통 언어야. 따라서 언어가 서로 달라도 춤으로는 소통이 가능해. 케이팝에서 댄스는 절대 빼놓을 수 없는 필수 요소야. 특히 '칼군무'라 불

리는 댄스는 케이팝의 전매특허지. 외국의 대중음악과 구별되는 케이팝만의 매력인 셈이야. 여러 명의 아이돌 멤버가 칼로 자른 듯 절도 있게 춤을 춘다고 해서 칼군무란 이름이 붙었지.

한국 아이돌 그룹의 독특한 특징 중 하나인 칼군무는 외국의 관객들에게 신선한 충격이었어. 우리 가수들이 선보인 군무 가운데 유명한 것은 소녀시대의 게다리춤, 카라의 엉덩이춤, 동방신기의 헐크춤, 브라운 아이드 걸스의 시건방춤, 티아라의 고양이춤, 싸이의 말춤 등이 있단다.

그런데 케이팝이 전 세계적으로 확산된 이유가 단지 훅 송이나 칼군무 같은 현란한 퍼포먼스 때문만은 아니야. 멋진 음악과 춤이 케이팝의 매력을 발산해도 대중이 이를 접할 수 없으면 아무 소용이 없어. 케이팝이 전 세계의 팬들과 만나는 데는 정보 통신의 발달이 큰 몫을 했어. 다시 말해 유튜브, 페이스북, 트위터 같은 소셜 네트워크 서비스(SNS)의 공이 컸지.

과거에는 라디오나 텔레비전 같은 대중매체가 연예인의 인기를 좌우하는 데 결정적인 영향을 미쳤지만, 지금은 꼭 그렇지는 않아. 오히려 SNS의 영향력이 훨씬 더 큰 파급력을 가지고 있어.

예컨대 SNS가 활성화되지 않았을 당시, 보아가 처음 일본에 진출해 최고의 인기를 얻기까지 5년이란 시간이 걸렸고, 동방신기는 4년 정도 걸렸어. 하지만 SNS가 활성화되기 시작한 때에 활동한 소녀시대는 일본에서 낸 첫 앨범이 바로 오리콘 차트 1위에 올랐고, 싸이의 〈강남스타일〉은 뮤직비디오를 유튜브에 올린 지 두 달여 만에 빌보드 메인 핫 차트 2위에 등극하는 성과를 올렸어.

무명에 가까웠던 방탄소년단이 세계적인 아이돌 스타로 거듭난 것도 SNS의 힘이 컸어. 방탄소년단은 처음부터 SNS를 통해 팬들과 소통하며 이름을 알렸고, 세계적인 스타가 된 지금도 SNS로 팬들과 활발히 교류하고 있단다.

방탄소년단은 명실공히 전 세계적인 스타가 되었어.
팝의 역사에서 신화로 남은 비틀즈에 빗대어 21세기의 비틀즈라 불릴 만큼
엄청난 인기를 누리고 있지. 묘하게도 방탄소년단의 영문 이름인 BTS는
비틀즈(Beatles)의 약자처럼 느껴지기도 해. 비틀즈의 역사는 이미 끝났지만,
방탄소년단은 지금도 신화를 계속 써 나가고 있고, 그 끝이 어디일지는 아무도 몰라.
방탄소년단이 처음 데뷔했을 때만 해도 이런 결과를 얻으리라곤
누구도 예상하지 못했지.
그들이 어떤 과정을 거쳐 현재에 이르렀는지 한번 알아볼까?

4장
방탄소년단, BTS의 신화가 궁금해

# 리더 RM과 길거리 캐스팅 신화

"스타가 되고 싶어? 스타가 되고 싶으면 연락해!"

한때 개그 프로그램에서 이런 말이 유행한 적이 있어. 연예기획사의 길거리 캐스팅을 빗댄 말이야. 장차 스타가 될 만한 외모와 끼를 가진 인재를 가만히 앉아서 기다리지 않고 직접 길거리로 나가서 발로 뛰며 찾은 거지. 평범한 청소년이 길거리 캐스팅을 통해 일약 스타로 발돋움한 경우는 적지 않아. 몇몇 아이돌 스타를 예로 들어 볼까?

동방신기의 최강창민은 데뷔 전에 한 번도 가수의 꿈을 꾼 적이 없었대. 그저 학교와 학원을 다니는 평범한 학생이었지. 어느 날 교문에서 한 여자가 명함을 내밀며 가수를 해 보지 않겠냐고 제의했어. 여자는 SM엔터테인먼트의 직원이었어. 창민은 그곳에 소속된 가수 보아를 볼 수 있을 거라는 기대감에 끌려 연습생이 되었다고 해.

슈퍼주니어의 몇몇 멤버도 마찬가지야. 이특은 고등학교 때 우연히 압구정동에 갔다가 캐스팅되고, 강인은 놀이공원에서, 기범은 길거리에서 캐스팅되었다고 해.

소녀시대의 멤버도 비슷했어. 서현과 효연은 초등학교 때 길거리에서, 수영은 지하철에서, 미국에 살던 티파니는 화장실에서 캐스팅되었다는구나.

방탄소년단 역시 아주 우연히 멤버가 된 경우가 있어. 리더 RM의 본명은 김남준이야. 학창 시절 남준은 상당한 수재였어. 아이큐 148에 전교 1~2등을 다툴 정도로 성적이 우수했고, 영어, 일본어 등으로 대화가 가능할 만큼 유창한 외국어 실력을 갖추었지. 그래서 부모님이나 선생님들은 남준이 장래희망을 의사나 법조인으로 정하길 바랐어.

하지만 남준은 기대와 달리 음악을 택했어. 초등학교 6학년 때 우연히 에픽하이의 곡 '플라이(Fly)'를 듣고 큰 충격을 받았고, 이를 계기로 힙합의 세계에 푹 빠지게 된 거야. 그는 방탄소년단 멤버로 데뷔하기 전, 중학생 때부터 '런치란다(Runch Randa)'라는 이름의 아마추어 래퍼로 활동했어. 탁월한 랩 실력을 뽐내며 주위의 시선을 끌었지.

2010년 '언더쳐블'이란 팀의 래퍼로 활동하던 슬리피가 우연히 남준의 공연

을 보게 되었어. 중학생밖에 안 된 어린 꼬마가 뛰어난 랩 실력을 선보이자 그는 입이 쩍 벌어졌어. 슬리피는 놀라움을 금치 못하고 남준의 연락처를 받아 빅히트엔터테인먼트를 찾아갔어. 기획사에서는 남준의 공연 동영상을 보고 첫눈에 반했지. 이후 남준은 빅히트엔터테인먼트의 연습생으로 발탁되었고, 그를 중심으로 실력파 힙합 그룹 방탄소년단을 만든 거란다.

방탄소년단의 서브보컬을 맡고 있는 '진' 역시 길거리 캐스팅의 대표적인 예라고 할 수 있어. 그의 본명은 김석진이야. 고등학생 때 드라마 〈선덕여왕〉에 나온 배우 김남길을 보고 연기자의 꿈을 키우며, 200대 1의 경쟁률을 뚫고 건국대학교 연극영화과에 입학했지. 당시 조각 같은 외모로 주위의 눈길을 끌다 보니 길거리 캐스팅을 많이 받았다고 해.

그러던 어느 날 빅히트엔터테인먼트의 직원으로부터 캐스팅 제의를 받았어. 석진은 연기자의 꿈을 꾸고 있었기 때문에 처음에는 거절했어. 하지만 얼마간 고민한 끝에 방향을 틀어 연기자 대신에 가수로서 새로운 꿈을 꾸며 연습생으로 합류하게 되었단다.

2 오디션을 통한 멤버 일곱 명의 합체

미래의 꿈나무 남준을 발탁한 빅히트엔터테인먼트는 그를 중심으로 실력파 힙합 그룹을 만들기로 했어. 흙 속에 숨은 진주 같은 인재를 찾기 위해 전국 각지에서 [히트 잇(HIT IT)]이란 대규모 오디션을 개최하게 되었지. 이 오디션을 통해 각자 개성을 지닌 꿈나무들이 속속 멤버로 합류하게 되는데 갖가지 재미있는 사연이 숨어 있단다.

슈가(Suga)

리드래퍼 역할을 맡고 있는 슈가는 가정 형편이 어려워 아르바이트를 하며 음악의 꿈을 키웠어. 본명은 민윤기, 예명인 슈가(Suga)는 슈팅 가드(shooting guard)라는 단어의 첫 번째 음절에서 따왔다고 해. 슈팅 가드는 그가 학창 시절 농구부에서 맡은 포지션 이름이지.

그는 어린 시절부터 힙합 음악에 깊이 빠져들었고, 초등학교 6학년 때인 13세부터 노래 가사를 쓰기 시작했어. 고등학생인 17세 무렵에는 레코딩 스튜디오에서 아르바이트를 했어. 여기서 음악 작곡과

편곡, 랩, 퍼포먼스 방면으로 실력을 쌓았지. 18세 때에는 힙합 크루 '디타운(D-TOWN)'의 일원이 되어 5·18 광주 민주화 운동을 기리는 곡 〈518-062〉를 만들기도 했어. 숫자 518은 광주 민주화 운동이 벌어진 5월 18일을, 062는 광주광역시의 지역 전화번호를 뜻하지.

윤기는 빅히트엔터테인먼트에서 진행한 오디션에 참가하여 대구 지역 예선을 통과한 뒤 서울에서 이루어진 최종 오디션에 2등으로 당당히 합격했단다.

제이홉(j-hope)

서브래퍼 및 메인댄서 역할을 맡고 있는 제이홉은 광주광역시 출신이야. 본명은 정호석, 학창 시절부터 타고난 춤꾼으로 이름을 날렸어. 광주 지역에서 길거리 춤꾼으로 활동하며 여러 댄스 대회나 페스티벌에서 우승을 한 경험도 있지. 당시 '스마일 호야(Smile Hoya)'란 이름으로 꽤 명성을 얻었단다.

2009년에는 JYP엔터테인먼트 공채 6기 오디션에서 남자 댄스팀으로 출전해 인기상을 수상한 것을 계기로 연습생으로 들어가 훈련을 받았어.

그런데 이듬해에 빅히트엔터테인먼트에서 대규모 오디션이 있었지. 대개는 공개 오디션이었지만 예외적으로 전국의 유명 보컬 학원이나 댄스 학원을 상대로 비공개 오디션을 열기도 했어. 광주 지역에는 동방신기의 유노윤호, 빅뱅의 승리, 투애니원의 공민지 같은 아이돌 스타를 길러 낸 유명 댄스 학원이 있었어. 호석도 이 학원 출신이라 비

공개 오디션 무대에 서게 된 거야. 여기서 탁월한 실력을 발휘해 멤버로 발탁되었단다.

정국

메인보컬과 리드댄서, 서브래퍼를 맡고 있는 정국은 방탄소년단에서 가장 나이가 어린 막내야. 본명은 전정국. 그는 패자부활전의 신화 같은 존재야.

2011년 케이블 방송국 엠넷(Mnet)에서 주최하는 오디션 프로그램 [슈퍼스타 K 3]의 전국 오디션이 열렸어. 당시 나이 15세, 중학교 2학년이던 정국은 가수의 꿈을 안고 이 오디션에 과감하게 도전했지. 나이도 어린 데다 부끄럼이 많고 카메라가 낯설던 정국은 제대로 실력 발휘를 못했어. 결국 예심에서 탈락했고 정국의 오디션 장면은 통편집되어 방송에 아예 나오지도 못했지.

그런데 이후 놀라운 반전이 일어났어. 정국의 오디션 무대를 눈여겨본 여러 대형 기획사에서 그에게 손을 내민 거야. 장차 아이돌 스타로 커 나갈 가능성이 높은 재목이라 여긴 거지.

정국은 오디션 때 받은 명함을 가지고 여러 기획사를 찾았어. 그는 최종적으로 빅히트엔터테인먼트를 선택했지. 여러 대형 기획사의 손짓을 마다하고 빅히트를 선택한 이유를 묻자 정국이 이렇게 대답했다고 해.

"리더인 RM 형이 정말 멋있어서 여기 왔어요. 형 때문에 온 거예요."

정국은 빅히트엔터테인먼트의 연습생이 되어 멤버로 합류하게 될 거란다.

뷔(V)

서브보컬을 맡고 있는 뷔의 본명은 김태형이야. 대구광역시에서 태어났지만 경남 거창군에서 성장했어.

일찍이 초등학교 때부터 그는 가수의 꿈을 꾸었지. 가수가 되기 위해서는 악기를 다룰 줄 알아야 한다는 생각에 색소폰을 배웠어. 음악가의 길을 걷기 위해 예술고등학교 음악과에 지원했으나 떨어지고 일반 고등학교에 진학했지.

하지만 그는 꿈을 포기하지 않았어. 가수가 되려면 춤을 잘 추어야 한다는 생각에 친구와 함께 댄스 학원을 다니며 열심히 노력했지. 그러던 어느 날 빅히트엔터테인먼트에서 오디션을 본다는 공고가 나붙었어. 몇몇 친구들이 오디션에 도전하기 위해 서울로 올라왔어. 태형은 아직 오디션을 볼 용기가 나지 않았어. 그렇지만 친구들을 응원하기 위해 함께 동행했지.

이때 뜻밖의 일이 일어났어. 친구를 응원하기 위해 방문한 태형에게 기획사 직원이 오디션을 한번 보지 않겠냐며 권유했어. 그래서 재미 삼아 오디션을 봤는데 덜컥 합격해 버린 거야. 뷔는 이런 우연한 기회를 통해 연습생으로 발탁되어 방탄소년단의 멤버가 된 거란다.

지민

방탄소년단의 리드보컬 및 메인댄서를 맡고 있는 지민은 본명도 박지민이야. 그는 부산광역시에서 태어나 그곳에서 학창 시절을 보냈어.

　다른 멤버들과 달리 지민은 어린 시절부터 현대 무용을 전공했어. 부산의 예술고등학교에 입학할 때 신입생 중 전체 수석을 차지할 만큼 무용 실력이 뛰어났어. 부산예술고 역사상 무용과에서 전체 수석이 나온 건 지민이 처음이라고 해.

　빅히트엔터테인먼트에서 부산 공개 오디션을 열었을 때 그는 고등학교 2학년 열여덟 살이었어. 현대 무용을 전공했지만, 남몰래 가수의 꿈을 꾸고 있었지. 이런 사정을 잘 알고 있는 선생님의 권유로 오디션에 도전장을 내밀었어. 현대 무용의 길을 계속 걷기를 원하던 부모님까지 설득해 허락을 받은 거지. 결국 그는 오디션에서 빼어난 춤 솜씨와 가창력을 인정받아 합격 통보를 받았단다.

　이렇게 해서 리더 RM을 중심으로 슈가, 진, 제이홉, 지민, 뷔, 정국 등 일곱 명이 한자리에 모였어. 서로 다른 곳에서 각자의 개성을 뽐내던 일곱 멤버가 빅히트엔터테인먼트의 연습생으로 만나 장차 방탄소년단으로 커 나가게 된단다.

연습생 시절의 피, 땀, 눈물

빅히트엔터테인먼트에는 비로소 일곱 명의 멤버가 연습생으로 모였어. 이때만 해도 미래를 꿈꾸는 예비 스타였기 때문에 자신들의 앞날을 장담할 수 없었지. 오로지 연습을 통해 춤과 노래 실력을 키우는 게 최우선 과제였어.

예전과 달리 요즘은 연예인을 꿈꾸는 청소년이 많아. 그래서 유명 연예기획사에 연습생으로 들어가는 것은 낙타가 바늘구멍에 들어가는 것만큼이나 어려운 일이야. 수천, 아니 수만 대 일의 경쟁률을 뚫어야 겨우 들어갈 수 있거든. 하지만 치열한 경쟁을 통해 연습생이 되었다고 끝이 아니야. 연습생 가운데 가수로 데뷔해 빛을 보는 사람은 극히 적은 숫자이기 때문이지.

따라서 연습생으로 들어가 스타로 발돋움하려면 청중들로부터 환호를 받을 만한 실력을 키워야 해. 혹독한 훈련과 피나는 노력만이 실력을 키우는 지름길이지. 연습생의 생활은 매우 고달파. 거의 태릉 선수촌 수준에 가까운 훈련 일정을 소화해 내야 하거든.

연습생은 대개 중·고등학교에 재학 중인 청소년이기 때문에 학교에 다녀야 해. 빨리 실력을 쌓아 가수로 데뷔하고 싶다고 해도 기획사의 훈련을 핑계로 학업을 소홀히 하면 안 돼. 대부분의 연예기획사에서는 학업에 충실한 사람이 연습도 충실히 한다는 믿음을 가지고 있기 때문이지. 그래서 연습은 학교 공부

가 끝난 오후 6시 이후부터 시작되는 게 보통이야.

　기본적인 노래와 춤, 연기 등의 훈련은 물론이고 해외 활동을 위해 영어, 일본어, 중국어 같은 외국어 교육을 받기도 해. 평일에 부족한 부분은 주말 동안 또 연습하여 채우고, 방학 때면 더욱 빡빡한 훈련 일정을 소화해 내야 하지. 보통 아침 10시쯤 시작된 훈련은 밤 10시나 11시가 되어서 끝나곤 해.

　단순히 연습만 하는 게 아니라 그 과정 속에서 동료들과 경쟁도 해야 해. 주기적으로 발표회를 가지면서 기획사의 심사위원에게 평가를 받고 다달이 실력이 향상되는 모습을 보여 줘야 하거든. 이처럼 숨 가쁜 일정과 경쟁을 치르다 보니 이를 견디지 못하고 스스로 그만두는 연습생도 간혹 있어. 하지만 반대로 어렵고 힘든 훈련 과정을 이겨 내고 차곡차곡 실력을 쌓아 간다면 청중들에게 사랑받는 스타로 거듭날 수 있는 충분한 자질을 갖추게 되는 거지.

연습생이 된 방탄소년단 일곱 명의 멤버도 3년간의 혹독한 훈련 과정을 거쳤어. 그 과정에서 우여곡절을 겪기도 했지. 멤버 가운데 윤기는 대구가 고향인데 서울에 올라와 어려운 생활을 이어 갔어. 가정 형편이 넉넉지 않은 탓에 연습생 생활은 더 고달팠지. 낮에는 학교, 저녁에는 연습, 밤에는 아르바이트를 하며 지냈거든. 집에 손 벌리지 않으려고 온갖 고생을 마다하지 않고 음악에 대한 열정을 불태운 것이지.

그런데 어느 날 밤 배달 아르바이트를 하다가 교통사고가 나서 어깨에 큰 부상을 입었어. 아차 하는 순간 사고를 당하고 눈을 뜨니 차 바퀴가 바로 눈앞에 있어서 아찔한 느낌이었다고 해. 하지만 사고 당한 걸 기획사에 곧바로 말하지 못했어. 회사에 사실대로 말하면 연습생도 잘리지 않을까 걱정이 된 거야. 뒤늦게 회사에서 이를 알고 왜 진작 말하지 않았냐며 학비를 대신 내주었다고 해. 덕분에 윤기는 무사히 재활 치료를 마치고 멤버에 합류할 수 있었단다.

방탄소년단에서 리드댄서를 맡고 있는 막내 정국은 원래 춤을 잘 추지 못했다고 해. 연습생 시절만 해도 그의 춤 실력은 다른 멤버에 비해 한참 뒤떨어지는 수준이었어. 회사에서는 특별한 조치를 내렸지. 데뷔를 앞두고 한 달 동안 미국으로 춤 연수를 다녀오도록 한 거야. 정국은 미국 현지에서 춤 훈련을 집중적으로 받아서 도시적인 세련된 춤, 여성 댄서들이 추는 춤, 아주 힘이 넘치는 역동적인 춤 등 다양한 스타일의 춤을 배웠어. 효과는 아주 놀라웠지.

미국에서 돌아온 후 정국의 춤 솜씨에 모두 눈이 휘둥그레질 정도였어. 그만큼 실력이 부쩍 는 거지. 봄비를 맞아 새싹이 싹을 틔우듯 정국은 미국 연수를 통해 자신 안에 감추어진 춤 솜씨를 활짝 꽃피운 거란다.

본격적인 데뷔에 앞서 일곱 명의 멤버에게는 이름을 대신할 활동명이 주어졌어. 리더인 남준은 랩 몬스터, 즉 랩을 잘하는 괴물이란 뜻이지. 윤기는 슈가, 석진은 진, 호석은 제이홉, 태형은 뷔, 지민과 정국은 이름을 그대로 사용하기로 했지.

마침내 2013년 6월 13일 방탄소년단은 공식 데뷔 무대에 올랐어. 그 전날 데뷔 싱글 앨범인 『투쿨 포스쿨(2 COOL 4 SKOOL)』을 발매하고 동시에 서울 청담동 일지아트홀에서 쇼케이스를 개최했어.

쇼케이스란 새 음반이나 신인 가수를 음악 관계자에게 널리 알리기 위하여 갖는 특별 공연, 즉 일종의 신고식 같은 거라고 보면 돼. 이 쇼케이스는 온라인 음원 사이트인 멜론을 통해 최초로 공개되었고, 이튿날인 6월 13일 음악 전문 케이블 방송인 엠넷의 음악 프로그램 [엠 카운트다운]을 통해 공식 데뷔했지. 방탄소년단 일곱 멤버들이 3년의 연습 기간 동안 남몰래 흘린 피와 땀과 눈물이 세상에 처음으로 모습을 드러낸 순간이었단다.

얌마, 네 꿈은 뭐니!!!?

*방탄소년단 데뷔곡 〈No more dream〉 뮹베씨

방탄소년단, 'BTS'란 이름이 궁금해!

방탄소년단이 데뷔했을 때 이름에 관한 이야기가 많았어. 지금은 너무 멋진 이름 같지만, 처음에는 좀 촌스럽다거나 시대에 뒤떨어진 느낌이라며 비아냥이 섞인 반응도 제법 있었어. 심지어 방시혁 대표가 탄생시킨 소년단이란 뜻에서 방탄소년단이라 이름 지었다는 소문이 나돌기도 했지. 그렇다면 과연 방탄소년단과 BTS는 어떤 의미를 지니고 있을까?

방탄이란 말은 원래 탄환을 막는다는 뜻이야. 방탄이 탄환을 막아 주는 것처럼 방탄소년단은 청소년이 받는 부당한 사회적 억압이나 편견으로부터 든든히 지켜 주는 울타리가 되겠다는 의미를 띠고 있어. 그래서 그들이 직접 작사하고 작곡한 노래에는 10대들이 맞닥뜨린 현실의 고민과 갈등, 사회 문제 등의 내용이 담겨 있단다.

방탄소년단의 또 다른 이름인 BTS는 해외 진출을 위해 만든 거야. 방(B), 탄(T), 소(S)년단의 영어 이니셜 앞글자를 따서 지은 거라는 얘기도 있지만 다른 의미도 있어. 방탄소년단의 뜻을 살려 영어로 표기하면 'Bulletproof boys'라고 쓸 수 있어. 'BTS'는 원래 이 표기의 줄임말이었으나 2017년 빅히트엔터테인먼트가 방탄소년단의 공식 로고를 교체하면서 그 의미를 확장시켜 '현재의 상황을 넘어서(Beyond The Scene)'라는 개념을 추가했지. 이것은 지금 눈앞에 보이는 현실을 초월해 과거와 미래를 아우른다는 뜻을 담고 있단다.

# SNS를 통한 쌍방향 소통

방탄소년단은 데뷔 이전부터 팬들과의 소통을 무척 중요시했어. 소통의 주요한 수단으로 삼은 것은 SNS야. 이들은 데뷔를 앞두고 연습에 매진하는 와중에도 자신이 만든 음악이나 춤 연습 장면, 멤버들의 이야기 등이 담긴 동영상을 찍어 꾸준히 SNS에 올렸어. 이 동영상을 접한 청소년들은 방탄소년단에 호감을 느끼며 데뷔할 날을 손꼽아 기다렸지.

2013년 1월, TV에서 [학교의 눈물]이란 3부작 다큐멘터리를 방영했어. 우리나라 학교 폭력의 실상을 고발하고 그 원인을 진단하는 프로그램이었지. 이를 본 멤버들은 이 문제에 공감하고, 학교 폭력의 심각성을 다룬 〈학교의 눈물〉이란 믹스 테이프를 발표했어. 믹스 테이프란 정식 음악 사이트가 아닌 온라인에서 홍보 목적으로 무료로 공개하는 노래나 앨범을 말해. 〈학교의 눈물〉은 많은 10대 청소년의 공감을 샀을 뿐 아니라 방탄소년단의 음악성을 알리는 데 도움이 되었지.

방탄소년단은 그해 6월 드디어 공식적으로 데뷔했어. 물론 데뷔와 함께 처음부터 폭발적인 인기를 얻은 것은 아니야. 일부 팬들을 제외하곤 엄청 좋지도, 엄청 나쁘지도 않은 그저 밋밋한 반응이었어. 심지어 그룹 이름이 이상하다거나 가사가 너무 유치하다거나 아이돌치곤 외모가 뒤떨어진다거나 철 지난

학교 문제를 들먹인다거나 하는 식으로 반응한 안 좋은 댓글도 있었어. 하지만 그들은 실망하지 않고 더욱 열심히 자신들의 존재를 알려 나갔지.

팬들과 직접 소통하는 방법은 역시 SNS였어. 방탄소년단은 데뷔를 앞두고 그동안 직접 운영해 온 블로그를 폐쇄하고 공식 홈페이지를 열었어. 그리고 이전보다 더 적극적인 활동을 해 나갔지. 데뷔 이전에는 자신들의 음악이나 미래의 꿈 같은 다소 진지한 내용의 영상을 올린 것과 달리 일상생활의 오밀조밀한 이야기를 모두 영상에 담아 팬들과 공유했어. 숙소에서의 생활, 자기네끼리 장난치는 모습, 생일 잔치하며 노는 장면 등을 찍어서 올렸지.

그 덕분에 팬들은 방탄소년단과 더욱 가까워졌어. 신비의 세계 속에 살고 있을 거라 여긴 아이돌 가수가 마치 이웃의 친구 혹은 동네 형이나 오빠처럼 친근하게 느껴졌기 때문이지. 입소문이 퍼지자 방탄소년단에 관심을 가지는 사람들이 많아지고 팬들도 점차 불어나기 시작했어. 여기에 힘입어 방송국의 리

얼 버라이어티 프로그램 [신인왕 방탄소년단-채널 방탄]에 고정 출연하게 되었지. 이 프로그램은 가상의 방송국을 설정해 멤버들이 직접 다양한 형식의 TV 프로그램에 도전하는 내용이었어. 신인 그룹인 방탄소년단을 대중들에게 알릴 좋은 기회였지. 덕분에 흥미를 느낀 사람들이 늘어나고 그만큼 인기도 높아졌단다.

방탄소년단 데뷔 앨범 제목의 뜻

방탄소년단의 데뷔 싱글 앨범의 제목 『2 COOL 4 SKOOL』은 무슨 뜻일까? 제목을 영어로 읽어 보면 'too cool for school'로 읽을 수 있어. 이를 우리말로 직역하면 '학교에 있기는 너무 멋지다.'는 뜻이 되지.
또 첫 번째 미니 앨범 『O!RUL8,2?』는 무슨 뜻일까? 영어로 찬찬히 읽어 보면, '오! 알유엘에이트, 투?'라고 읽을 수 있어. 이중 엘(L)과 에이트(8)는 이어서 읽어야 해. 그러면 수수께끼가 풀리면서 레이트(late)라는 뜻으로 다가오지. 다시 말해 '오! 너도 늦었니? (Oh! Are You Late, Too?)'라는 뜻이 되는 거야.

이런 활약에 힘입어 방탄소년단은 그해 11월 14일 올림픽 체조경기장에서 열린 [멜론 뮤직 어워드]에서 데뷔 싱글 앨범 『투쿨 포스쿨(2 COOL 4 SKOOL)』과 첫 번째 미니 앨범 『오! 아 유 레이트, 투?(O!RUL8,2?)』로 신인상을 수상했어.

더 놀라운 것은 얼마 후인 12월 6일 유럽의 케이팝 팬들이 참여한 [2013 쏘-러브드(So-Loved) 어워즈]에서 신인상을 수상한 거야. 이 상은 독일의 케이팝 커뮤니티인 '쏘-러브드'와 '한국문화산업교류재단'이 공동으로 주는 건데 유럽 거주자들만 투표에 참여할 수 있기 때문에 유럽에서의 인기를 가늠하는 지표가 되지.

이 여세를 몰아 이듬해 2014년 1월에는 [골든디스크 시상식] 음반 부문에서 신인상과 [하이원 서울가요대상]에서 신인상을 수상했으며, 뒤이어 2월에 열린 [가온 차트 뮤직 어워드]에서 올해의 신인상 그룹을 수상했단다.

방탄소년단은 음악 부문의 여러 신인상을 휩쓸며 점차 인기가 높아지기 시작했어. 하지만 바쁜 스케줄 속에서도 연습을 게을리하지 않았고, 더욱 완성도 높은 노래아 춤을 관객들에게 보여 주려고 피나는 노력을 계속했단다.

5 BTS를 키운 100만 팬덤 '아미'

방탄소년단(BTS)이 전 세계적인 스타로 우뚝 선 데에는 숨은 공로자가 있어. 다름 아닌 팬클럽 '아미'가 그 주인공이야. 아미가 없었다면 지금의 BTS가 존재하지 않았을 거라는 말이 나올 정도로 아미는 큰 역할을 했어. 방탄소년단의 분신이라고 해도 과언이 아니지.

방탄소년단은 데뷔 전부터 SNS를 통해 팬들과 직접 소통에 나선 일로 유명해. 그들이 팬을 얼마나 소중하게 여겼는지는 그룹명에서도 잘 드러나. 방탄소년단이란 이름은 10대와 20대가 받는 사회적 편견과 억압을 자신들이 방탄이 되어 막아 내고, 자신들의 음악적 가치를 지켜 내겠다는 의미야.

팬클럽 이름인 아미(A.R.M.Y.)도 이런 맥락에서 만들어진 거야. 영어로 'A.R.M.Y.'는 'Adorable Representative M.C for Youth'의 약자인데 '청춘의 사랑스러운 대변자'란 뜻을 품고 있어. 이와 함께 'army'라는 단어 자체는 '군대'라는 뜻으로, 방탄소년단을 지켜 주는 군대처럼 항상 함께한다는 의미도 있어.

BTS의 데뷔 직후인 2013년 7월 9일, 팬카페의 투표를 통해 공식 팬클럽 명칭을 'A.R.M.Y.'로 결정했지. 아울러 그해 12월 9일 팬클럽 아미 1기 모집을 공고하고, 이듬해인 2014년 3월 29일 창단식을 열어 정식 팬클럽을 결성했단다.

처음에는 팬클럽 아미가 되는 일이 쉽지 않았어. 아미 1기부터 5기까지는 매년 특정 기간에 공고가 나면 절차에 따라 가입이 가능했지. 하지만 팬층이 두터워지자 2019년 7월 15일 6기부터는 상시 모집으로 변경되었어. 팬들이 원할 때 언제든지 가입할 수 있도록 바뀌었지.

BTS의 공식 팬카페 회원 수는 2018년 7월에 이미 100만을 돌파했어. 그야말로 입이 쩍 벌어질 만큼 엄청난 규모지. 따라서 BTS의 성공에는 팬클럽 아미를 빼놓고 말할 수 없어.

BTS와 아미는 이와 입술의 관계처럼 아주 밀접해. BTS는 청소년의 공감을 살 수 있는 자신들의 이야기를 진솔하게 음악으로 표현해. 데뷔 전부터 2014년까지 학교 3부작(⟨2 COOL 4 SKOOL⟩, ⟨O!RUL8,2?⟩, ⟨SKOOL LUV AFFAIR⟩)을 작곡한 게 좋은 예라고 할 수 있어. 멤버들이 학교에서 직접 겪은 일을 바탕으로 같은 세대에게 가해지는 억압과 편견에 대해 비판적으로 노래했지.

2015년부터는 사회에서 겪은 불안과 슬픔과 고통을 음악 속에 담았어. 이를 통해 세대를 뛰어넘어 동시대를 살아가는 기성세대도 BTS의 음악에 공감하도록 만들었지. 2015년 노래 〈쩔어〉에 이어 2016년에는 〈불타오르네〉와 〈피 땀 눈물〉을 발표하면서 팬덤이 크게 형성되었고, 이후 지속적으로 인기가 급상승해 2017년 〈봄날〉 〈DNA〉를 통해 인기 아이돌의 입지를 굳혔어. 이를 바탕으로 미국, 유럽, 아시아 등 세계 무대로 뻗어 나간 거야.

BTS는 단순히 사회 문제를 비판만 하는 게 아니라 문제가 발생한 원인에 대해서도 이야기하고, 우울이나 불안에 시달리는 사람들에게 따뜻한 위로의 음악을 건네고 있어. 당신만 그렇게 아픈 게 아니라며, 함께 뜻을 모으고 힘을 합해 세상을 바꾸어 나가자고 용기를 심어 주고 있지.

이렇게 자신들의 이야기를 노래하는 BTS를 아미는 든든한 울타리가 되어 지키고 있지. 아미의 활동은 단지 BTS를 응원하는 데 그치지 않아. BTS와 호흡을 맞추어 사회 활동에도 나서고 있거든.

앞서 말했다시피 BTS는 자신들의 음악뿐 아니라 무대 밖에서도 다양한 사회 문제에 목소리를 내고 있어. 세월호 유가족에게 1억 원을 기부했고, 유니세프와 함께 아동 청소년 폭력 근절 캠페인을 펼치기도 했지. 그들은 유니세프 한국위원회에 이미 5억 원을 기부했으며, 아울러 앨범 판매 수익의 일부와 일반인 후원금 등을 모아 계속 기부해 나갈 예정이야. 멤버 개인이 단독으로 후원을 하기도 하는데 제이홉은 초록우산어린이재단에 1억 원을 기부했지.

팬덤인 아미 역시 여기에 동참해 유기견 보호 단체 및 인명 구조 단체를 통해 사료 700킬로그램을 기부하고, 저소득층 주민에게 쌀 128포대를 기부했어. 이외에도 위안부 할머니 후원을 위해 모금 운동을 벌이고, 저체온증에 시달리는 신생아를 위한 털모자 뜨개질 기부 활동도 이어 갔지.

　아미의 이런 자선 활동은 해외에서도 마찬가지야. 기아대책본부와 함께 53개국 기아 아동에게 긴급 구호 식량을 후원하기도 했어. 페루의 팬들은 구순구개열 수술을 받지 못한 저소득층을 위해 모금을 벌였고, 칠레와 중국의 팬들은 방탄소년단의 이름으로 나무 기증 캠페인에 참여했어. 미국의 팬들은 춤에 재능 있는 저소득층 자녀를 위해 교육 비용을 지원해 주었지. 이런 기부 활동 사례는 일일이 열거할 수 없을 정도로 많아.

　아미에는 정기적으로 자선하는 단체가 따로 있기도 해. 이 자선단체 이름이 '원 인 언 아미(One In An Army)', 즉 '우리는 아미 중의 한 명이다.'라는 뜻이야. 그래서 이들의 슬로건이 '빅 팬덤 빅 디퍼런스(Big Fandom, Big Difference)'야. '팬덤이 크기 때문에 큰 변화를 만들어 낼 수 있다.'는 뜻이지. 이들은 매달 크게 주목받지 못하는 작은 나라들의 작은 단체들을 찾아서 자선 활동을 하고 있어.

　전 세계의 아미는 이처럼 각종 캠페인, 모금, 기부, 지원 활동에 직접 참여하여 BTS의 음악 속에서 표출하는 가치를 지지하고 실천에 옮기는 일을 하고 있단다.

아미가 키운 아바타, 방탄소년단

BTS에 대한 아미의 응원은 특별한 데가 있어. 그들은 BTS를 완성된 스타로 보고 평가하는 것이 아니라 조금씩 성장하는 모습을 보며 응원하지. 그 과정에 자신들이 적극 뛰어들어 참여하는 방식이란다.

BTS의 음악은 학교와 사회에 대해 비판적인 메시지를 담은 곡이라서 방송에서 제외된 적도 많았어. BTS가 열심히 하고 실력도 있는데 방송에 안 나온다는 것을 알고 속이 상했지. 그래서 아미들은 "방송에 안 나와? 제대로 인정을 받지 못한다고? 그럼 우리가 직접 알리지!" 하고는 BTS의 음악을 알리는 데 팔을 걷어붙이고 나선 적도 많단다.

아미의 팬클럽은 조직화가 잘 되어 있기로 유명해. 나라마다 지역마다 그물처럼 촘촘한 조직망을 갖추고 있거든. 가령 미국의 경우 서부, 중부, 동부로 나뉘어 있고 50개 주에 지부가 있어. 이들이 초기에 벌인 일은 온라인과 전화로 라디오에 신청곡을 보내는 것이었어. 회사를 마치고 집에 오면 텔레마케터로 변신한다는 사람이 있을 정도였지.

물론 처음에는 반응이 신통치 않았어. 미국 라디오에서 '영어가 아니라 한국말 노래를 튼다고?' 하면서 대부분 황당해 했지. 제대로 된 노래를 신청하면 틀어 주겠다는 반응도 있었지. 미국 아미들은 여기에 대응하는 방법을 매뉴얼로 만들었어. BTS를 모른다고 할 때, BTS가 싫다고 할 때, 노래를 틀어 준다고 할 때 등 갖가지 상황에 어떻게 대응해야 하는지를 공유했지.

이런 노력에 힘입어 2017년 가을부터 서서히 라디오 방송을 타기 시작했어. 신청곡을 잘 받아 주던 라디오 진행자가 그 방송을 떠날 때는 감사의 꽃다발도 잊지 않고 선물했지.

2018년 1월에는 BTS의 음악을 '빌보드 핫 100' 차트에 1위로 올리기 위한 1년 계획을 세우기도 했어. 비록 1위를 차지하지는 못했지만, 이 계획은 무척 성공적이었다는 평가를 받았지. 이런 면에서 본다면 방탄소년단은 아미들이 적극 나서서 자신의 손으로 키운 아바타 같은 존재일 수도 있어.

영광스러운 꿈의 무대, 최고의 순간들

방탄소년단은 데뷔 이후 한 해가 다르게 쑥쑥 성장해 왔어. 그들의 위상이 어떻게 변화했는지를 극명하게 보여 주는 예가 있지.

2017년 11월, 미국의 인기 있는 방송 토크쇼 프로그램인 [엘런 쇼]에 출연했을 때만 해도 진행자 엘런은 BTS를 가리켜 세계에서 가장 유명한 케이팝 보이밴드라고 소개했어. 가장 유명하긴 하지만 '케이팝' 분야에 한정되어 있다는 거지. 그런데 불과 6개월 후인 2018년 5월 [엘런 쇼]에 다시 출연했을 때는 달라졌어. 세계에서 가장 인기 있는 보이밴드라고 소개했거든. '케이팝'이란 수식어가 사라지고 명실공히 세계적인 팝스타임을 인정한 것이지.

방탄소년단이 그동안 이룬 성과는 정말 눈부셔. 한국 가수 최초로 빌보드 메인 앨범 차트인 '빌보드 200'에 세 장의 앨범이 당당히 1위를 기록했고, '빌보드 핫 100'에도 여러 번 10위 안에 진입했다가 2020년 9월 '다이너마이트'란 노래로 드디어 1위의 자리를 차지했어.

미국의 대표적인 음악 시상식 중 하나인 [빌보드 뮤직 어워즈]에서 2017년 BTS가 처음 톱 소셜 아티스트 부분 후보에 올랐을 때, 경쟁 상대는 저스틴 비버, 셀레나 고메즈, 아리아나 그란데 등 세계적으로 쟁쟁한 팝스타였어. 하지만 방탄소년단은 이들을 물리치고 당당히 수상의 영예를 안았다. 이후 2019

년까지 연속으로 세 번이나 수상자로 선정되었어.

이외에도 국내외의 온갖 음악상을 휩쓸어 일일이 열거하기 힘들 정도야. 해마다 새로운 기록을 써 나가고 있으니 방탄소년단이 아니라 '기록 소년단'이라 불러도 무방할 만큼 좋은 활약을 펼치고 있지.

이제는 미국의 주요 방송국인 NBC나 ABC에서 그들을 소개할 때 '지구상에서 가장 유명한 보이밴드'라는 수식어를 사용할 만큼 높은 위상을 가지게 되었어. 심지어 CBS 방송의 [더 레이트 쇼]에서는 오래전 영국의 비틀즈가 미국에서 성공적인 공연을 펼친 일에 빗대어 방탄소년단을 '21세기의 비틀즈'라고 표현하기까지 했어. 팝 음악의 전설로 남은 비틀즈와 비교된다는 것 자체만으로도 엄청난 영예가 아닐 수 없지. 앞으로의 활동이 더 기대되는 방탄소년단이 비틀즈를 넘어설 수 있을지도 관심 있게 지켜볼 문제야.

이들의 영향력은 비단 음악 분야에만 머물지 않아. 미국의 유명한 시사 주간지 『타임』은 '인터넷에서 가장 영향력 있는 25인'의 하나로 방탄소년단을 선정해 표지 모델로 삼기도 했어.

음악 이외의 활동 가운데 특히 돋보이는 일은 뭐니 뭐니 해도 유엔 총회에서의 연설이야. 2018년 9월 25일, 미국 뉴욕의 유엔 본부에서는 제73차 정기총회가 열렸어. 총회에서는 다채로운 행사가 펼쳐져. 이 중 '제너레이션 언리미티드 파트너십' 행사에 방탄소년단이 초대되었어. 이 행사는 10~24세의 전 세계 청소년이 질 좋은 교육과 직업 훈련을 받고 적절한 일자리를 얻도록 국제기구와 정부, 기업, 시민 단체 등이 협력하는 글로벌 프로그램 중 하나야. 이 자리에서 방탄의 리더 RM(김남준)이 대표로 연설을 하게 되었어.

연설의 주제는 자신들의 앨범 제목이기도 한 '러브 유어셀프(LOVE YOURSELF)',

즉 '너 자신을 사랑하라.'는 거였어. 다시 말해, 자신을 사랑하지 못하면서 남을 온전히 사랑하기 어렵다는 것, 자신의 목소리에 귀를 기울이고, 있는 그대로의 자신을 받아들이고, 여기에 머물지 않고 나아가 타인의 목소리에 귀 기울이고 받아들이자고, 그러기 위해서 가장 먼저 자기 자신을 사랑하자는 내용의 감동적인 연설이었지.

이런 메시지는 방탄소년단의 음악 속에도 고스란히 깃들어 있어. 그들은 음악을 통해 전 세계 청소년에게 올바른 가치관을 심어 주려고 하고, 아미를 중심으로 전 세계 팬들이 여기에 호응하고 있지.

특히 방탄소년단의 전 세계적인 인기와 영향력을 실감할 수 있었던 가장 큰 사건은 영국의 웸블리 스타디움 공연이야. 이곳은 본래 9만 석 규모의 대형 축구 경기장인데, 대중음악가에게는 꿈의 무대로 불리는 곳이지. 그동안 퀸, 비틀즈, 마이클 잭슨 등 세계적인 팝스타가 여기서 공연했거든. 한국 가수 중 최초로 방탄소년단이 여기서 성황리에 단독 콘서트를 열었어. '러브 유어셀프: 스피크 유어셀프(LOVE YOURSELF: SPEAK YOURSELF)'라는 제목으로 열린 이 공연은 유엔 총회 연설 내용과 같은 맥락이야. '너 자신을 사랑하고 너 자신을 이야기하라.'는 메시지를 담고 있지.

이 공연은 본래 6월 1일 하루만 열릴 예정이었어. 그런데 티켓 예매를 시작한 지 90분 만에 매진되고, 팬들의 열화와 같은 성원에 못 이겨 2일까지 하루 더 공연을 연장했지. 웸블리는 9만 석 규모의 대형 축구장이지만 안전을 고려해 6만여 석의 자리를 마련했고, 이틀간 12만여 명이 이 공연장을 가득 메워 축제의 장을 열었어. 공연장에 오지 못한 팬들은 생중계 영상으로 콘서트에 함께했지.

지금까지 웸블리 스타디움에서 공연한 음악가 중 매진을 기록한 사람은 마이클 잭슨, 마돈나, 퀸과 같은 전설적인 스타를 비롯해 총 열한 명뿐이었는데 방탄소년단 또한 매진을 기록함으로써 열두 번째 대형 팝스타로 당당히 이름을 올린 거야. 팝의 본고장인 영국에서 한국의 보이밴드 방탄소년단이 한국어로 노래를 부른다는 사실에 유럽인은 놀라움을 감추지 못하고 믿을 수 없다는

반응을 보이기도 했지.

　웸블리 스타디움의 콘서트는 굉장한 성공을 거두었고, 한국의 케이팝에 새로운 역사를 썼어. 방탄소년단의 역사는 지금도 계속되고 있어. 앞으로 어떤 기록을 내놓고, 어떤 놀라운 역사를 새로 써 나갈지 우리는 물론 전 세계인이 기대에 찬 눈빛으로 바라보고 있단다.

참고문헌

- 강진희, 『BTS who? K-pop』, 다산어린이
- 김성민, 『케이팝의 작은 역사』, 글항아리
- 김정호·박시온 공저, 『K-pop, 세계를 춤추게 하다』, FKI미디어
- 김학선, 『K-pop 세계를 홀리다』, 을유문화사
- 신현준, 『가요, 케이팝, 그리고 그 너머』, 돌베개
- 윤영인, 『K-pop DNA and History』, 북셀프
- 이규탁, 『케이팝의 시대』, 한울아카데미
- 이상욱, 『K-pop 연구』, 인터북스
- 이전영, 『대중음악사』, 예성출판사